Real Anonymous Design | Design, Architecture / City, Media on Network Era

リアル・アノニマスデザイン | ネットワーク時代の建築・デザイン・メディア

岡田栄造／山崎泰寛／藤村龍至＝編著

学芸出版社

まえがき	●	**藤村龍至**	建築家
プロローグ	●	**岡田栄造**	デザインディレクター
第1章 | Chapter.1 **デザイン**	1-1	**川崎和男**	デザインディレクター
	1-2	**阿部雅世**	デザイナー
	1-3	**清水久和**	インダストリアルデザイナー
	1-4	**織咲誠**	インターデザインアーティスト
	1-5	**石井すみ子**	工芸デザイナー
	1-6	**柳原照弘**	デザイナー
	1-7	**西澤明洋**	ブランディングデザイナー
	1-8	**水野大二郎**	デザイン研究者
	1-9	**久下玄**	ストラテジスト/デザイナー/エンジニア
	1-10	**太刀川英輔**	デザインアーキテクト
第2章 | Chapter.2 **建築/都市**	2-1	**蓑原敬**	都市プランナー
	2-2	**難波和彦**	建築家
	2-3	**みかんぐみ**	建築設計事務所
	2-4	**西村浩**	建築家
	2-5	**貝島桃代**	建築家
	2-6	**乾久美子**	建築家
	2-7	**満田衛資**	構造家
	2-8	**羽鳥達也**	建築家
	2-9	**家成俊勝**	建築家
	2-10	**メジロスタジオ**	建築設計事務所
第3章 | Chapter.3 **メディア**	3-1	**大山顕**	フォトグラファー/ライター
	3-2	**渋谷慶一郎**	音楽家
	3-3	**松川昌平**	建築家
	3-4	**猪子寿之**	チームラボ代表
	3-5	**徳山知永**	プログラマー
	3-6	**スプツニ子!**	アーティスト
		濱野智史	情報環境研究者
	3-7	**梅沢和木**	美術家
エピローグ	●	**東浩紀**	思想家/作家
あとがき	●	**山崎泰寛**	編集者

リアル・アノニマスの時代

［まえがき | Introduction］

藤村龍至／建築家
Ryuji Fujimura Architect

◎本書はプロダクトデザイン、建築都市、メディア、3分野のデザイナー、クリエイター、批評家らに呼びかけ、柳宗理の提唱した「アノニマスデザイン」という思想を起点にそれぞれの活動を論じてもらい、その現代的な可能性を問う、という試みである。

◎私がアノニマスデザインの思想に触れたのは1997年の秋頃、セゾン美術館の学芸員であった新見隆氏の紹介で柳工業デザイン研究会へアルバイトに通ったことがきっかけであった。柳先生がセゾン美術館で大規模な展覧会を行うので模型を制作してきて欲しい、ということだった。

◎不勉強な私は柳先生の業績も思想もほとんど知らないままにアルバイトに通い始め、会場や展示品の一部の模型制作をお手伝いした。翌年、その展覧会「柳宗理〜戦後デザインのパイオニア〜」が始まり（岡田さんはその展評を書くために来場したという）、会場で何度か行われた柳先生の講演や対談を通して聴いているうちに業績の全体像が見えてきて、背後に「アノニマスデザイン」という思想があることを知った。

あれから10年以上たち、アノニマスデザインは私にとっても重要な思想となったが、その意味をもう少し大きく捉えたいと考えるようになっていた。なぜかといえば、建築家やデザイナーの間でアノニマスデザインの思想が商業主義との対比という、狭い範囲で捉えられているような気がしていたからである。山崎泰寛さんから京都工芸繊維大学での岡田栄造さんとの対談「アノニマスデザイン2.0 柳宗理から考える建築とデザインの現在」に誘っていただいたのはそんな矢先であった。

バブル時代、建築家やデザイナーたちは広告企画のプレイヤーとして盛んに持ち上げられたが、それが弾けたあとでは、演出された作家像が独り歩きし、「難しいことを言う割には資本に迎合して好き勝手なことをする迷惑な人種」というレッテルを貼られてしまった。そのことの反省としてデザイナーや建築家の間に作家主義批判が生まれ、アノニマスデザインはその議論の延長で再評価されている。

だが柳宗理の問いはそもそも、単なる商業主義への対抗に留まるものではなかった。むしろ工業化という技術革新と、それによって生まれてきた近代社会の新しい原理に対するデザイナーの態度決定を迫るものであり、近代社会に適応した新しいデザイナー像の確立こそを目標としていた。工業と工芸を対比させた父宗悦に対し、バウハウスやコルビュジエに刺激された柳は、工業生産のなかに工芸的なものを発見することにより、それらを両立させようとしたのであった。

社会構造の転換期には作品のあり方や作家のあり方が変わる。工業化に反応した１９２０年代のコルビュジエにせよ、郊外化に反応した1960年代のヴェンチューリにせよ、グローバリゼーションに反応した2000年代のコールハースにせよ、いずれも社会の新しい原理に肯定的でありながら、作品そのものというよりはデザイナー像を提示した点に共通点がある。柳宗理がコルビュジエに共感したように、こうした思想は同時代的なものなので、世代的な共感を生んで分野や国境を越えていく。

◎

言うまでもなく現代は、情報化、グローバル化によるグローバル・ネットワーク社会の到来により社会構造が大きく転換し、新しい作品のあり方や新しい作家のあり方を求めつつある時代である。柳の問いをパラフレーズするならば、情報化という技術革新と、それによって生まれてきたポスト近代社会の新しい原理に対する態度決定こそがデザイナーに求められている。情報と空間を対立するものとして扱った1990年代後半の態度に対して、今日的なデザイン行為の意味は情報ネットワークに空間的なものを発見し、それらを両立させることにある。

◎

そこで本書ではデザイナーや建築家に留まらず、メディアやアートの分野で活動する作家やクリエイターたちにも参加してもらい、東浩紀氏へのインタビューを通して一連の議論の総括を試みた。原稿が揃い、目次を検討した結果、アノニマス観の変化に時代背景が大きく関わっていることに気づいた私たちは、各著者の年齢順に原稿を並べることとした。これらの作業によって、近代の終わりという、より大きな枠組みでアノニマスデザインを捉え直すことができたと思う。

◎

私たちは東氏の指摘するような、ソーシャルなアノニマスの時代、すなわち誰でも情報発信が可能になり、人々のニーズが情報技術によってかなりの精度で予想される時代に突入している。そここでは、社会を相手に名前を出しながら仕事をする「デザイナー」という存在はどこにいるのだろうか。言い換えれば、そのようなリアル・アノニマスの時代に「アノニマスデザイン」は成立するのだろうか。編集作業を終えた今、その問いが大きく浮かび上がっている。

◎

今回、そのことを論じてくださった方も多い。私はおそらく、ソーシャルな人々のネットワークのなかからニーズを抽出する仕組みを設計する立場が、今日的なアノニマスデザインの姿なのではないかと考えている。そこから生まれてくる成果物は人々のニーズをかたちにしたものである限り「誰がやっても同じ」アノニマスなものになるかも知れない。しかしその下部のアーキテクチャーのデザインには創意工夫が求められ、それらの思想や方法論、作品などを提示したパイオニアたちには署名権が与えられるだろう。彼らこそは「今日のアノニマスデザイン」のありようを提示する人たちであり、そのような人たちは1920年代に集中的に数多く現れたように、2010年代からしばらくの間に集中して現れるのではないかと思う。

◎

そのように考えると、作家主義か非作家主義かという議論をここで蒸し返すことに時代的な意味はない。それよりも、社会の新しい原理に対して新しい作家像を確立することにこそ意味があるのであり、それが柳宗理の遺した思想から私たちが最も学ぶべきことなのではないだろうか。

◎

最後になるが、ろくにスキルもない学生を（当時は身長の割に痩せていたため）「マッチ棒君」と呼んで受け入れて下さり、短い期間に多くのことを教えて下さった天国の柳宗理先生に本書を捧げたい。

［プロローグ｜Prologue］

問いとしてのアノニマスデザイン

岡田栄造／デザインディレクター
Eizo Okada Design Director

柳宗理展での体験

1998年、池袋にあったセゾン美術館で、柳宗理氏の展覧会「柳宗理〜戦後デザインのパイオニア〜」が行われた。まだ20代で、新米ライターだった私は、ある雑誌に依頼されてその展覧会のレビューを書くことになっていた。「柳宗理を礼賛するような記事は書かないぞ！」という気負いをもって、時間をかけて会場を見て回ったことを覚えている。

その頃のデザイン界といえば、バブル経済の崩壊とともに、ポストモダンのブームが去ったあと。次の方向が見えないなかで、懐古的な気分が高まり、イームズをはじめとする20世紀中葉のデザインが大流行していた。1950年代から国際的に活躍した柳氏の評価も高まっていて、展覧会にはデザイン学生や若いデザイナーだけでなく、一般の人々も多く来場していた。学生時代にポストモダンデザインを刷り込まれた私には、そのような時代の空気がなんとも気に食わず、それが気負いを生んでいたのだ。

会場の入り口には代表作のバタフライスツールが置かれていて、そこから柳氏の作品世界が展開されていった。エレファントスツールやカトラリーなどよく知られた作品があり、それらとは別に、柳作品としてはあまり知られていないが、誰にとっても馴染みの製品（ガスの元栓や精肉店の秤）や公共物（サインや歩道橋）があった。柳氏が手がけた対象の幅広さに驚くとともに、子どもの頃からの日常風景の一部が柳氏の「作品」であったことの既視感が、なんとも奇妙であった。

会場の一角に「アノニマスデザイン」のコーナーがあった。そこには機械部品や職人の道具、スポーツ用具など、柳氏の作品ではないが、氏が優れたデザインと認めた無名のプロダクトが並べられていた。

「アノニマスデザイン」という言葉はそもそも、柳氏が１９５０年代にアメリカのデザイン書で見つけたものである。柳氏はその本で紹介されるジーパンや化学試験容器など匿名の工業製品に、商業主義的なデザインとは反対の、用に忠実な美しさを見いだした。それこそが工業デザインの理想的な姿であると考え、その後折々に主張した。商業主義的なデザインに対する批判活動として、１９６５年には自ら「アノニマウス・デザイン」展を開催している。こうして、日本では柳氏の仕事とともにアノニマスデザインが覚えられた。今、この言葉が日本で特別な意味をもつのはそのためである。

展覧会での「アノニマスデザイン」コーナーは、その「アノニマウス・デザイン」展の再現であっ

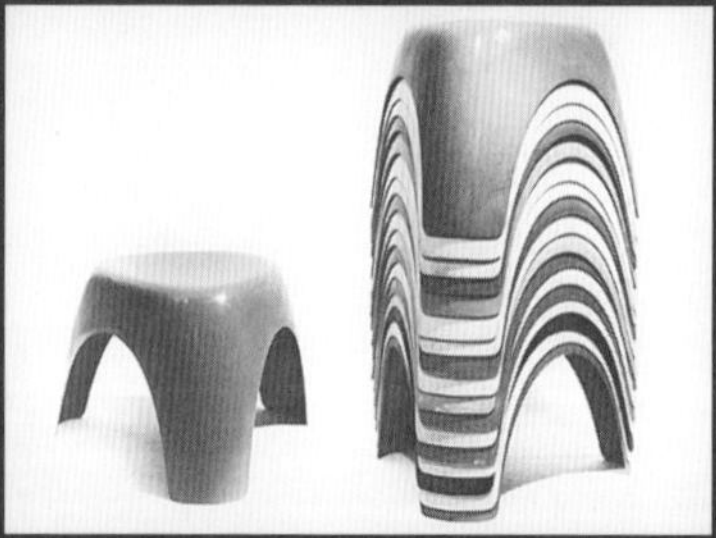

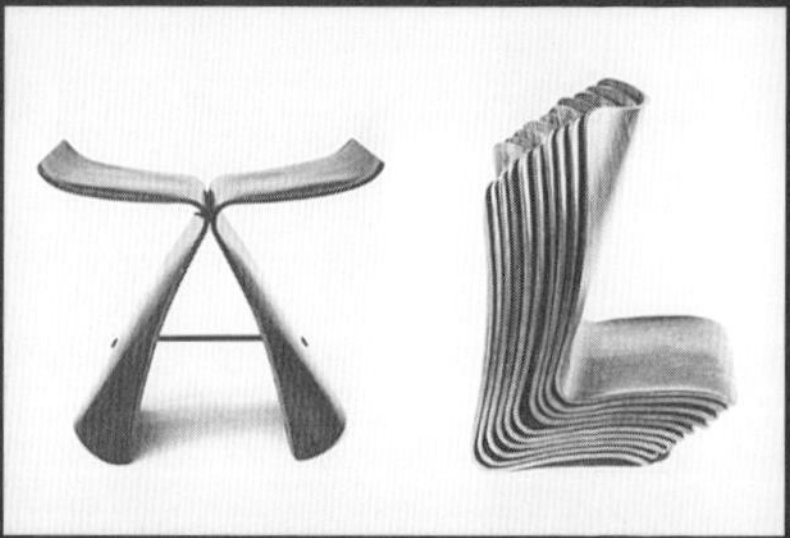

〈バタフライスツール〉1954年 | 出典：柳宗理『デザイン』用美社、1983年、62頁、91
〈エレファントスツール〉1954年 | 出典：柳宗理『デザイン』用美社、1983年、63頁、92

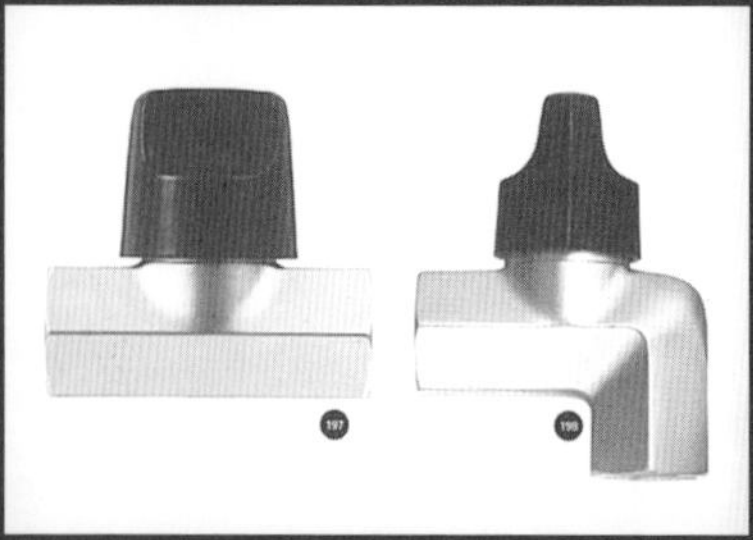

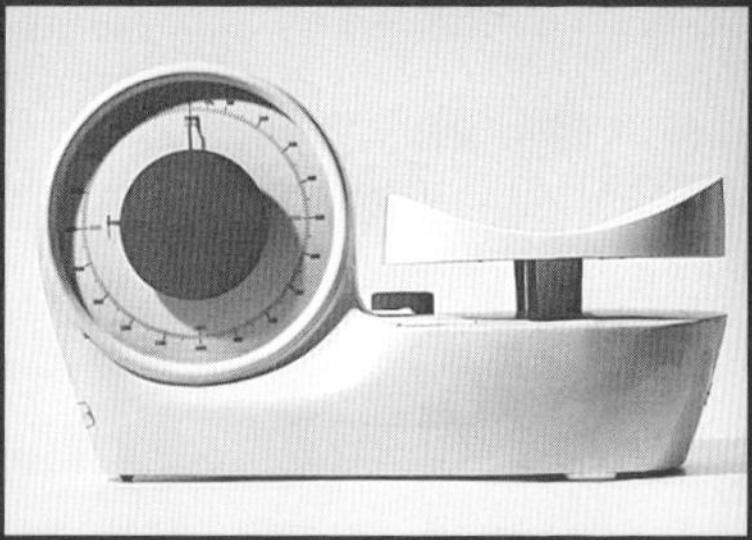

ガス栓のバルブボディとつまみ、1986年 | 出典：セゾン美術館/日本経済新聞社編『柳宗理 デザイン』セゾン美術館/日本経済新聞社、1998年、132頁、197-198
寺岡精工のはかり、1971年 | 出典：柳宗理『デザイン』用美社、1983年、79頁、110

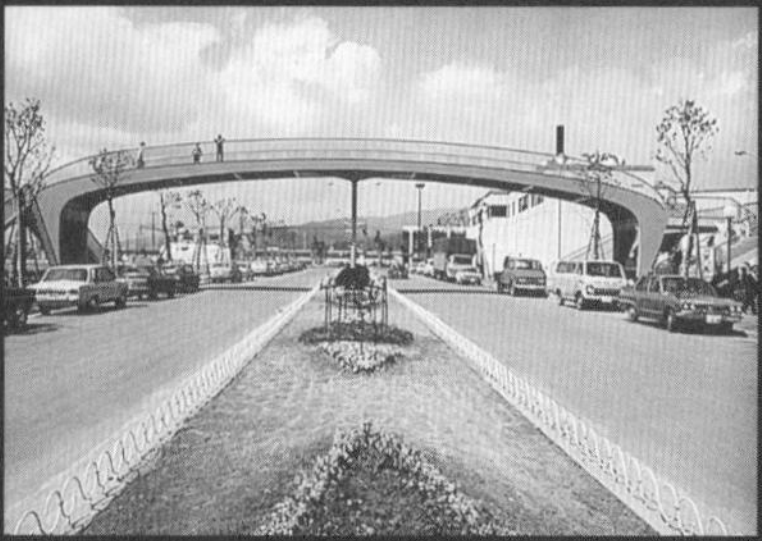

横浜野毛山公園の案内図、1970年 | 出典：柳宗理『デザイン』用美社、1983年、104頁、143
横浜野毛山公園の歩道橋、1970年 | 出典：柳宗理『デザイン』用美社、1983年、102頁、141

た。アノニマスデザインの意味を知っている者はともかく、展覧会ではじめてこの言葉を見た来場者にとって、会場に付されたアノニマスデザインの説明は、少し不親切であった。いやそもそも、柳氏の展覧会に、作品以外の製品がたくさん、大々的に展示されている状況が分かりにくく、そのコーナーは多いに誤解を招きそうだった。

案の定、間違った感想が聞こえてきた。展示されていた野球のボールを見ていた人たちが「これも柳さんという人がデザインしたんだね」「すごいねえ」と、感心しているのである。

私は心の中で苦笑した。だがそれと同時に、興味深いとも思った。分かりやすく言えば、便器に署名するだけでそれを作品にしてしまった、有名なデュシャンの「泉」と似た状況が、そこにあったからだ。同じように、柳氏に発見されたアノニマスなプロダクトを氏の作品とすることが、必ずしも間違っておらず、少なくともこの展覧会の中ではそう言って差し支えないとさえ思えた。

ル・コルビュジエのアノニマスデザイン

大学で工業デザイン論の授業を受けもつことになり、1コマを「アノニマスデザイン」のテーマで話すことにした時、柳展での体験を思い出した。学生にもうまく説明したいと考え、他に良い事例がないか探していて、1枚の写真を見つけた。ル・コルビュジエが設計した「エスプリ・ヌーヴォー館」(1925年)の写真である。内観を撮影したものだが、空間全体を見渡せるようなものではなく、白い壁の一部が正面に写っているだけ。壁にはコルビュジエの絵が掛かっていて、手前

「エスプリ・ヌーヴォー館」1925年 | 出典：Le Corbusier, *Le Corbusier et Pierre Jeanneret Oeuvre Complete de 1910-1929*, Les Editions d'Architecture, 1964, p.107

の床には簡素なアームチェアとテーブル、その両脇にトーネットの曲木椅子が2脚見える。コルビュジエのトーネット好きはよく知られていて、自作の中でも頻繁にトーネットの椅子を使用している。優れたデザインだから、作品の中に置いたのは当前と思われるかもしれない。だが、コルビュジエがトーネットを使い始めた時、その椅子は建築家が積極的に使うような「名作」ではなかった。むしろ逆の、ありふれた安物と考えられていた。19世紀の半ば以降、トーネットの椅子は世界中で大量に売られ、あらゆる場所で使われたからである。だから、たいていの建築家は、自作にトーネットの椅子を使うことを避けた。

そのようなトーネットの椅子を名作として再発見したのが、コルビュジエなどの新しい建築家だった。彼らは曲木椅子の単純と安価に、目指す建築と共通の思想を見いだして、自作の、なかでも大切な場所に使用した。エスプリ・ヌーヴォー館に置かれた「No.6009」はその一例である。「No.6009」はコルビュジエが最も好んだ椅子として知られていて、「コルビュジエ・チェア」という名前でも呼ばれている。コルビュジエの作品ではないのに、である。建築家たちはトーネットの椅子を家具として使っただけではなく、それ以上に、新しい建築の考え方を伝えるメディアとして使ったのだ。

エスプリ・ヌーヴォー館に置かれたトーネットの椅子を、アノニマスデザインの典型として授業で紹介するのは、そこに、柳展で見たのと同じ「アノニマスなもの」と「それを見いだす作家」の関係が写っているからだ。アノニマスなものが、発信力のある作家によって見いだされ、作家独自のデザイン思想を伝えるために使われる。アノニマスデザインは常にそのように生まれることを、この写真は教えてくれる。トーネットの椅子は、それだけでは評価されることはなかった。エスプリ・ヌーヴォー館（や、その他様々な新しい建築）に置かれることで、はじめて名作になった。

◎コルビュジエがエスプリ・ヌーヴォー館を建てたのと同じ年、日本では柳宗悦が、「民藝」という言葉をつくった。宗悦は日常の道具として使われていた様々な雑器に興味を抱き、骨董市を訪れては、ただ同然の値段で売られていた日用品を、ひたすら収集した。それらを「民藝」と名づけたのである。民藝に見いだした「暮らしの美」を啓発するために、宗悦は雑誌をつくり、1936年には、運動の拠点として日本民藝館を設立している。

◎柳宗理氏は、宗悦の息子である。父親への反発から前衛芸術の道に進み、コルビュジエの影響を受け、父の思想と和解しつつも、工業化のなかで「暮らしの美」を実現するためにデザイナーとなった。その柳氏が、「アノニマスデザイン」を見つけたこと、その言葉に自身のデザインの理想を見いだしたことは、必然に思える。

今、作家であることの意味は何か？

◎2011年の末に柳宗理氏が亡くなられ、2012年の2月に藤村さんと公開対談「アノニマスデザイン2.0 柳宗理から考える建築とデザインの現在」を催した。その対談の冒頭でも、私は授業と同じようにアノニマスデザインを説明した。エスプリ・ヌーヴォー館に置かれたトーネットの椅子の写真を見せ、その後、柳氏が選んだアノニマスデザインの事例を紹介する。「アノニマスデザインはいつも、著名な作家によってつくられてきた。」私がそう言って説明を終えると、藤村さんが待っていたように、アノニマスデザインを次のように定義した。曰く「アノニマスデザインとは、アノニマスとデザインのハイブリッドである」。目から鱗が落ちた。なるほど、である。そのとおりである。

一般にアノニマスデザインは、「アノニマス化したデザイン」と理解されている。デザイナーの存在に想像が及ばないほど生活に溶け込んだデザインである。それがデザインの理想と考えられていて、デザイナーはそのようなものをデザインしたいと思う。もちろん間違いではないが、本当のアノニマスデザインを理解するには不十分である。それだけでは、柳氏やコルビュジエが行ったことの意味を汲むことができない。アノニマスデザインは常に、作家を必要とする。アノニマス化したデザインは、作家の目を通すことで見えるようになり、新しい価値をもつ。柳氏やコルビュジエがやったのはむしろ「アノニマスなもののデザイン化」であった。デザインがアノニマス化することと、アノニマスなものをデザイン化すること、その両方があって、アノニマスデザインが生まれる。藤村さんの定義は、そのことを端的に言い表していた。「アノニマスデザイン」をそのように定義すると、建築家やデザイナーが置かれている現在の状況にも上手く応用できるのではないか。

◎

かつてトーネットがそうだったように、アノニマス化したデザインは「見えない」。デザインの専門家でもない限り、その作為はまず意識に上らない。適度に心地よいカフェの椅子や、人間工学的に正しく設計された階段、スムーズに開く扉、等々。現代を生きるほとんどの人々にとって、世界はアノニマス化したデザインに満ちている（そのようなデザインをブルース・マウは「第二の自然」と呼び、レッシグは「アーキテクチャ」と定義したのだ）。微妙な差異で「良いデザインが見当たらない」などと文句を言っているのは、マニアだけ。デザイナーの名前は狭い趣味の世界でのみ通用している。

◎

このような時代に、デザイナーが自ら作家性を否定し、「アノニマス化したデザイン」を志向するのは、自意識の過剰だろう。なぜなら、アノニマス化したデザインは既に前提であり、否定している作家性は元々ないに等しいのだから。デザイナーたちが考えなければいけないのはむしろ、この時代に作家であることの意味だと思う。現代の作家にとって「アノニマスデザイン」は答えではない。問いである。

◎

このような問題意識から、本書では「アノニマス」と「デザイン」を掛け合わせている（と我々が考える）現役の作家たちに、執筆を依頼した。「アノニマスデザイン」という言葉だけを投げかけ、それぞれの反応を待つことにした。このあとに続く28本のインタビューとエッセイがその応えである。「アノニマス化したデザイン」の後に、作家たちは何を発見するのだろうか？

まえがき	●	藤村龍至	建築家
プロローグ	●	岡田栄造	デザインディレクター
第1章 Chapter.1	1-1	川崎和男	デザインディレクター
デザイン	1-2	阿部雅世	デザイナー
	1-3	清水久和	インダストリアルデザイナー
	1-4	織咲誠	インターデザインアーティスト
	1-5	石井すみ子	工芸デザイナー
	1-6	柳原照弘	デザイナー
	1-7	西澤明洋	ブランディングデザイナー
	1-8	水野大二郎	デザイン研究者
	1-9	久下玄	ストラテジスト/デザイナー/エンジニア
	1-10	太刀川英輔	デザインアーキテクト
第2章 Chapter.2	2-1	蓑原敬	都市プランナー
建築/都市	2-2	難波和彦	建築家
	2-3	みかんぐみ	建築設計事務所
	2-4	西村浩	建築家
	2-5	貝島桃代	建築家
	2-6	乾久美子	建築家
	2-7	満田衛資	構造家
	2-8	羽鳥達也	建築家
	2-9	家成俊勝	建築家
	2-10	メジロスタジオ	建築設計事務所
第3章 Chapter.3	3-1	大山顕	フォトグラファー/ライター
メディア	3-2	渋谷慶一郎	音楽家
	3-3	松川昌平	建築家
	3-4	猪子寿之	チームラボ代表
	3-5	徳山知永	プログラマー
	3-6	スプツニ子!	アーティスト
		濱野智史	情報環境研究者
	3-7	梅沢和木	美術家
エピローグ	●	東浩紀	思想家/作家
あとがき	●	山崎泰寛	編集者

アノニマスデザインと闘う
川崎和男／デザインディレクター

Kazuo Kawasaki Design Director 1-1

柳さんには入学してすぐ「東京芸大には入れなかった君たちは『根無し草』なのだから、アノニマスを目指せ。有名デザイナーになってはダメだ」と言われました。私は「先生は有名じゃないか」と不満を抱えつつ、我慢していましたが……。

ただ、私は半ば思いつきで美大に入ったので、劣等感がありました。もともとは医学部に行こうと思ってました。大阪での浪人時代に古本屋で美大入試の実技デッサン集を見つけて「こんな絵なら、俺にも描ける」と思ったのが運の尽き。入学する

「名前を出すな！」

岡田　金沢美術工芸大学で柳宗理さんから教わったことはどのようなことでしたか？

川崎　当時の金沢美大は旧陸軍の兵器庫を校舎にしていました。古い建物で、冬は雪が吹き込んでとても寒かったのを憶えています。そんな環境なので、1学年30人ほどの中で、8人くらいしか授業に出てきませんでした。それでも柳先生や平野拓夫先生［注1］は怖いので、出席率は高かったですね。

金沢美術工芸大学時代

と、皆想像以上に絵がうまい（笑）。一方で、私は物理や数学などの一般教科は得意でしたが、皆は苦労していた。絵が描けない私は、平野先生から呼び出され「いつになったら絵がうまくなるのか」と言われていました。

◎ そんな学生時代に建築関係で特に多く読んだのが、磯崎新さんの本です。当時の自分に合うところがあったんですね。

● 言葉とデザイナー

岡田　それはどういうところでしょうか。

川崎　磯崎さんは、ミシェル・フーコーの『言葉と物』という本に取りあげられているベラスケスの「侍女たち」についても書かれていました。当時私は現代美術が全然理解できず、『美術手帖』くらい読まなければいけないという強迫観念に駆られていました。その時期に宮川淳さんの「アンフォルメル以後」という懸賞論文が発表されて［注2］、それを読んで「絵ってこうやって見るのか」と身震いしたんです。そして「同級生は誰も読んでいないだろう。彼らを抜くには〝論〟しかない」と確信しました。3年生になってデザインの実習が始まり課題が与えられるようになると、どうも僕だけ発想が違うんです。先生にも褒められるようになりました。

◎「集落とは何か」というテーマで、『建築文化』の懸賞論文にも応募したんです。その時の1等賞は、現在建築家として活躍する彦坂裕［注3］さんでした。

岡田　建築の論文とご自身のデザインとはどのように結び付いていたのでしょうか。

川崎　建築家は自らの作品に対してしっかりと言葉を持っていますが、デザイナーは全く言葉を持っていません。私は当時から「言葉と形の相対論」のような哲学的なことを考えていて、先生たちから文学部のある金沢大学に入り直せとまで言われていました。

◎ その頃、エットレ・ソットサス［注4］が〈バレンタイ

「artificial heart: 川崎和男個展 いのち・きもち・かたち」金沢21世紀美術館、2006

ン〉（1969年）というタイプライターの名作を発表しました。彼の文章を読んでやっと「デザイナーがきちんとした言葉で語っている」と思い、英文をそっくり真似て「タイプライター」の部分だけを自分の課題に置き換えて提出したりしていました。「分からないだろ、先生には」という感じでいきがっていましたね（笑）。でも東芝に就職したら、そういう連中がいっぱいいるんですよ。お勉強のできる千葉大学出身者が多くてね。

岡田　言葉が巧みな理論派がいたわけですね。

川崎　ですが、会議で発言するコンセプトは良いものの、形はとても格好悪いんです。ですから、喧嘩になりますよね（笑）。私はここでも、何か狭間のようなところで生きてきた気がします。今思えば、私は、いつもその場で教わることの逆を狙って仕事をしてきたのかもしれません。柳先生が押し付ける無名性にも、平野先生の徹底的に名前を出さない態度にも反対していたようです。東芝でも、あらゆることの逆を選んで今の自分がある。その意味で、柳先生ととりわけ平野先生に教わったことは大きいと言えますね。

コトを起こすデザイン

岡田　「形と言葉の狭間」というのは、1980年代に流行した「モノのデザイン」に耽溺するでもなく、「コトのデザイン」に納まるものでもない、川崎さん独自のスタンスを現しています。

川崎　私は東芝ではAurexブランドのオーディオをデザインしていました。当時、秋葉原に行くと「洗濯機をつくっているメーカーにオーディオ機器なんて無理だ」とか「SONYのマークを付ければ売れるよ」などとバカにされたものでした。でもよく考えてみると、レコードプレーヤーは、レコードを載せてしまえば形は関係ない。重要なのは形ではなく、「音楽を聴いているコト」だと気づきまし

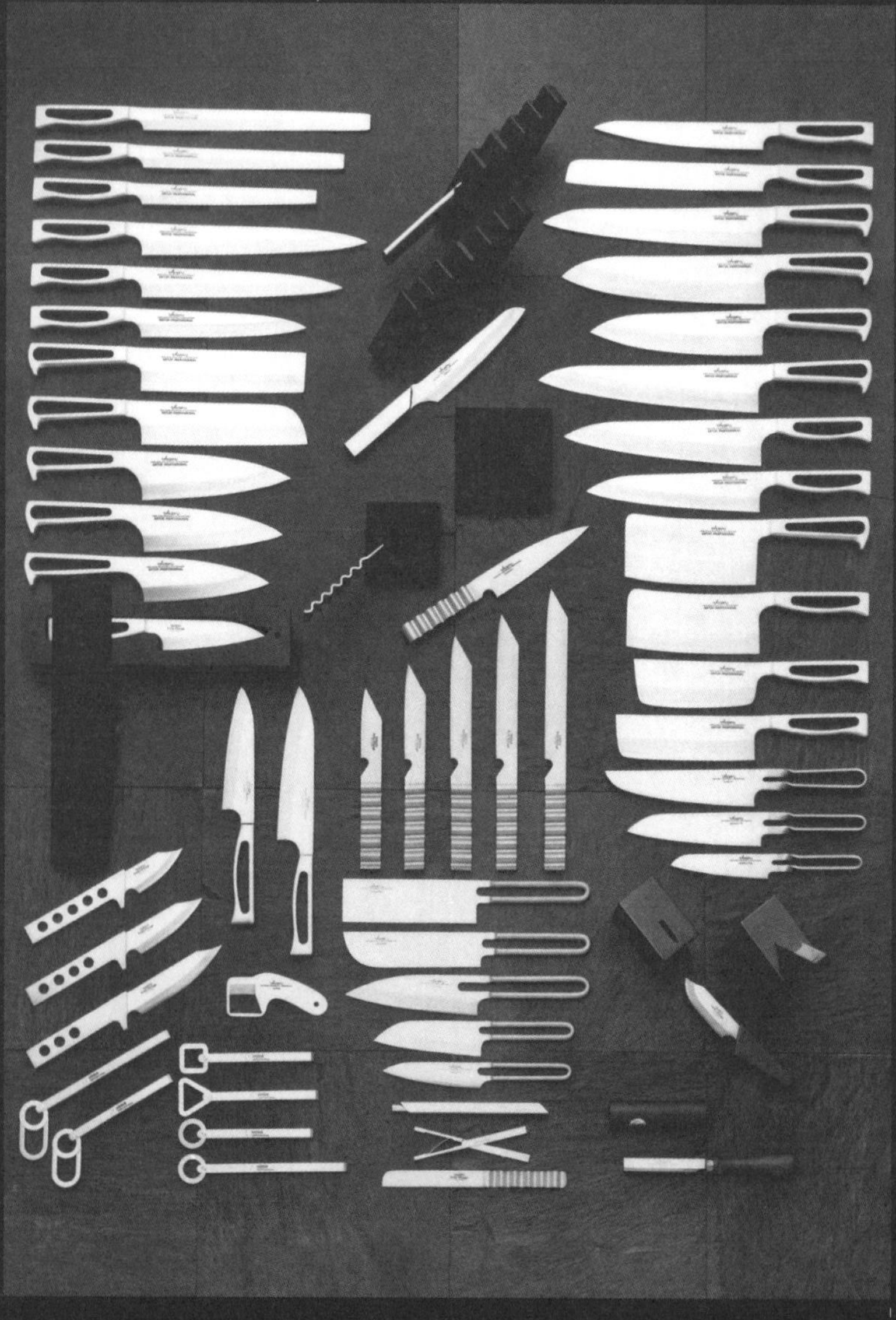

タケフナイフシリーズ

た。それで、東芝はむしろレコードを出して、コンサートというコトを開くべきでは、などと思うようになりました。当時の東芝はショールームがありませんでしたので、休日に他社のショールームを見学してレポートを出しました。しつこく提案してようやく「銀座7丁目のビルを使える」という話になり、それが後の「銀座セブン［注5］」につながります。その後も製品のデザインと同時にショールームの設計やAurexのコンサートも手がけるなかで、イベントというコトが商品を浮き立たせることに気づきました。

岡田　独立後に手がけられた「タケフナイフビレッジ［注6］」のお仕事にも東芝での経験が生きているんですね。

川崎　東芝EMIに出入りしていると、レコードのプロモーションではサンプル盤を持って回るという話を聞いて驚いたんです。プロダクトでのプロモーション活動の甘さに気づくと同時に、自分で売り込んでいかなければと強く思うようになりました。

◎

「タケフナイフビレッジ」でも、私自身が良いセールスマンになるつもりで仕事をしてきました。当初、職人たちは口々に「雑誌に載りたい」「東京で展覧会をやりたい」と言う。そこでまず福井市にある「だるまや西武（現・西武）」に展覧会の企画書を持っていくと、店長から「福井でやっても意味がないから、東京に行け」とアドバイスを受けました。結局六本木のAXISで展覧会を開き、ちょうど同時期に田中一光さんの展覧会が開かれていた縁で、堤清二さん（セゾングループ代表・当時）が会場に来られたんです。準備にかかっていた2000万円を展覧会の予算として西友に承認してもらい、西武百貨店と西友で開いたタケフの展示会も大成功でした。

モノとコトのハイブリッド

岡田　タケフナイフビレッジのお仕事では、木の柄を金属にして刃と一体化させたモノとしての革新性もよく知られています。

川崎　古代に遡ると、日本には、大物主命（おおものぬしのみこと）というモノ（アトム）を管理する神と、事代主命（ことしろぬしのみこと）という情報（ビット）を管理する神がいました。コト＝情報は、質量がないビットの世界ですね。「モノのデザイン」をしても、人はお店に行って確かめずに、写真のような情報で判断してしまう。私が日本人をすごいと思うのは、大物主命と事代主命の両方が存在している点です。

◎ 実はこのことを体現したのが空海です。空海は最澄と同じ遣唐使船で留学しましたが、国費で留学した最澄と対照的に、10年分の稼ぎに匹敵する留学費用をかき集めての私費留学でした。

◎ 面白いのは、空海は「コトのデザイン」を学ぶと同時に「モノ」も一緒に持って帰ってきたことなんです。灌頂（かんじょう）という密教の儀式があります。もちろん最澄も学んだ儀式ですが、最澄は知識だけを持ち帰り、コトの儀式性しか日本に伝えられなかった。一方空海は儀式のための道具を持ち帰っていて、当然使い方も学び、持ち込むことができた。この道具があったおかげで、彼は民衆の圧倒的な支持を集められたんです。現代に当てはめると、理論だけのデザイナーは最澄的だし、両方やれば空海的だと言えます。

岡田　空海はモノとコトのハイブリッドで成功したということでしょうか。

川崎　むしろ「モノありき」です。

● 無形の意匠にも署名する

岡田　PKD（Peace-Keeping Design［注7］）のような規模の大きいプロジェクトでも、モノの細部までご自身で手がけられるのは、そうしたお考えによるのですね。

川崎　近年は「デザインは形からではない」という話もありますが、私はやはり形からだと思います。最近、

◎

形を盗用しただけのデザイン（アプロプリエーション）が増えているのが気がかりです。先日も多摩美術大学で、ある先生から「シャワーヘッドのデザインを課題に出したら、電話機の形をした案が3つも出てきました。これは正当なインダストリアル・デザインと言えるでしょうか」と尋ねられました。私は、違うと思うと答えました。

2年ほど前に、文部科学省の予算で知的財産権の研究に取り組んでいた早稲田大学と北海道大学の研究者から、意匠権の専門家として質問を受けた時にも、同様のことが話題になりました［注8］。無印良品にシャンプー容器の形をしたお風呂用のラジオがありますが、それはオリジナルのデザインか否かと尋ねられたのです。私はここでも、違うと答えました。そして、「このラジオはこういったものがあっても良いという程度のもので、このようなデザインを私は『軽薄なデザイン』と呼びます」と説明しました。すると大問題になってしまいました。意匠権上は、それらの領域は異なるものだからです。

山崎　アノニマスデザインが「匿名」と訳されてきたことが、アプロプリエイト的な表現を擁護してしまう事態を生んでいる気がします。アノニマスをむしろ「署名の仕方」として問題にすべきですね。

川崎　知財権には著作権、商標権、工業意匠権、工業所有権、特許権があります。著作権の規定は文部科学省がつくっていて、©で「私が書きました」と示すだけで成立する、ひじょうに強い権利です。その他はすべて経済産業省によりますが、官僚の文章力が低いために、商標権以外の権利はひじょうに弱い。知財権を扱っている若手の弁護士から、「争うなら著作権や商標権です。意匠権では絶対に負けます。図面には必ず©マークかTMマークを入れなさい」と教えられました。最近は大学院レベルの人もいますが、いまの企業の法務部の部長クラスは、学生時代に知財権なんて習っていないでしょう。

◎

◎ 企業にしてみれば、社内のデザイナーが著作権を主張するのは頭が痛い。デザインの匿名性が有名性に変換されることで、企業が主張したい意匠権の存在があいまいになってしまうんです。

◎ 前述の知財権に関する議論のなかでは、知財権的に微妙な位置にある私の作品も問題になりました。盤面が1枚の鏡で、触れると文字盤が浮かび上がるキーボードです［注9］。このような形のない作品の意匠権をどう定めるか。それから、体内に入れると形が見えなくなってしまう人工心臓も議論になりました。

岡田 川崎さんは、もしご自身が人工心臓を入れなければならなくなった時に、そのデザインが格好悪かったら嫌だと書かれていましたね。

川崎 私は交通事故に遭って、ステンレスの板2枚で骨を挟む手術を受けました。ところが、術後に見せられたX線写真には、板を留めたビスが長すぎて突き抜けている！ とにかく格好悪い。しかも二重ナットじゃなかったので、入院先から福井に戻ったら緩んでいたんです。何よりその格好悪さが目に焼き付いて離れません。自分を火葬してそんなものが出てくるなんて耐え難いわけです。

◎ 私はメガネもデザインしています。メガネは顔の印象を変えますからコスメティックな製品なのですが、一時的に視力を回復させるという意味では医療器具です。つまり、メガネは医療機器でありながら人のアイコン性を決定づける。体の中も同じではありませんか？

岡田 体内に埋め込まれた医療器具がユーザーのアイコン性を決めるものでもある。このことからも、アノニマスデザインの新しい議論が始まりそうです。

［2012年9月3日、京都・ホテルオークラにて］

注1 平野拓夫——デザイナー。1930年北海道生まれ。1953年東京芸術大学美術学部工芸科卒業。通産省業省特許庁に入庁。1955年日本政府選衡海外派遣留学生として米国に派遣。1958年から金沢美術工芸大学にて教鞭を執る。1970年平野拓夫デザイン設計事務所（現 平野デザイン設計）設立。金沢美術工芸大学、多摩美術大学名誉教授

注2 宮川淳「アンフォルメル以後」『美術手帖』1963年5月号（No. 220）、86–96頁、美術出版社

注3 彦坂裕「テクノポリスの教訓」（'80建築文化懸賞論文〈下出賞〉）『建築文化』1981年1月号（No. 411）、35–38頁、彰国社

注4 エットレ・ソットサス——1917–2007年。イタリアのデザイナー。大胆な色彩感覚の独創的なデザインで知られる。1980年代には、若手のデザイナーや建築家と「メンフィス」と称するグループを結成した

注5 銀座セブン——1966年に開設された東芝のショールーム。飲食店を併設し、コンサートやラジオの収録、試写会なども催された

注6 タケフナイフビレッジ——700年以上の歴史を持つ越前打刃物のリデザイン。川崎は20年以上関わっている

注7 PKD（ピース・キーピング・デザイン）——途上国で使用するワクチンを、注射器のデザインからパッケージ、搬送方法まで再考したプロジェクト。日本産業デザイン振興会、WHOの支援を得て展開中

注8 技術者としては青色発光ダイオードを発明した中村修二教授がヒアリングを受けた

注9 〈COOL LEAF〉（2011年）

感覚を鍛えるデザイン体操

——子どもの想像力と創造力をつなぐ

阿部雅世／デザイナー
1-2 Masayo Ave Designer

欧州視点のデザイン史を越えて

「産業革命以降の欧州視点のデザイン史ではなく、ブラジルという土地、ラテンアメリカの文化と歴史のなかに存在していたデザインを丁寧に掘り起こし、そして、世界のそれを一望に俯瞰することのできるような、新しいデザイン史の必要性を痛感している。」

これは、ブラジルのデザインジャーナリスト、エテル・レオンが、世界のデザイン研究者の意見交換プラットフォームに投稿した言葉である。「デザイン」という外来語は、産業革命以降の大量生産の概念と共に、世界の国々に送りこまれており、デザインの歴史といえば、「産業革命以降の技術、経済、社会の変化に対応する近代生活の反映」として捕えられていることが多い。しかし、レオンが、さらに続けた言葉を借りるならば、「『デザイン』という言葉が頻繁に登場する以前にも、さかのぼって言えば、人類が二足歩行を始めて以来、

◎

道具を使う人間の生活の歴史に寄り添って、常にデザインは存在していたはずである」。

このレオンの言葉に、いちはやく賛同の声を上げたのは、インドの研究者であり、それに、多くの欧州以外の国々のデザイン研究者が続いたが、この言葉を受けて、今あらためて、「アノニマスデザイン」を考えるならば、それは、「産業革命以降のデザイン」という、欧州の視点で語られる狭義の定義に引っかからぬ、それ以前の、それ以外の、膨大な量の質の高い意匠のすべてを総称するものであって、おそらく、デザインの本質というのは、その膨大な、まだ整理されていない「アノニマスデザイン」一つひとつのなかに、あるのだろう。そして、人間の生活の歴史のなかで、質の高い意匠を支えてきたのは、それを評価し、選択し、使いこなすことによって豊かな生活を創ろうとする、生活者の目と意識の高さなのではないかと思う。

● 子どものためのデザイン体操

ここ十年ほど、大学のデザイン教育に関わるようになり、人間の五感に直感という第六感を加えた「六感」すべてを総動員し、そこに想像力をかけあわせて、もののありようを正しく認識する力を鍛えることを、新しいデザイン教育の起点に据えようと奮闘してきた。そのなかで確信したのは、これは、デザイナーという専門職を目指す人だけに必要な力ではなく、むしろ、現代社会の生活者である誰もが、生活を楽しむための力として、子どものころから等しく鍛えるべき力なのではないか、ということであった。そして、そう思うと、生活者のためのデザイン教育が存在しないことが、むしろ不思議に思えてきた。それから、そのためにできることはなんだろう、と考えるようになり、まずは、自分が、そのような力を維持し続けるために、無意識にやってきたトレーニングを、

DESIGN GYMNASTICS（デザイン体操）という、子どものためのデザイン演習メソッドとして構築してみることにした。そして、それを、世界の各地で、ワークショップとして実践し始めて、すでに6年が経つ。

◎

自然がつくり出す最高のデザインを観察し、発見する目を鍛える演習。感覚に名前をつける演習、文学を触覚的に解読する演習、素材を読み解き使いこなす演習、視覚と触覚をひっくり返して「ものを診る」演習、分断された学問をひとつのもののなかに融合させて理解する演習…。そのようなデザイン体操を、世界の様々な場所で、子どもからプロのデザイナーや教育者まで、様々な参加者を対象にしたワークショップとして実践してきたが、やってみると、これは、小さな子どもほど難なく取り組み、子どもにとっては、ただただ楽しく、時間を忘れて熱中する遊びであるのに、多くの大人にとっては、想像以上に難しく、もどかしさに冷や汗をかきつつ、うなりながら始まることが少なくないという不思議な演習でもある。

◎

●発見力を鍛える

演習の第一体操ともいえる、最もシンプルなデザイン体操「DESIGN GYMNASTIC A.B.C.」は、視覚と第六感をとぎすまして、発見力を鍛える演習。自然の造形のなかに、美しいアルファベットや数字をひと揃い発見し、それを正方形のフレームの中に美しく納めるという遊びである。美しいアルファベットや数字は、大自然の森の中にもあるし、駐車場の片隅の草むらの中にもある。花のつぼみの中にも、道に散らばる落ち葉の中にも、必ずある。虫眼鏡でのぞいて初めて見えるような、毛の生えた極小の数字もあり、ふと見上げた空に浮かぶ、一瞬の奇跡のような巨大なアルファベットもある。

それらは、必ずしも正面を向いて、目の前に現れ

Observe,
Discover and
Draw

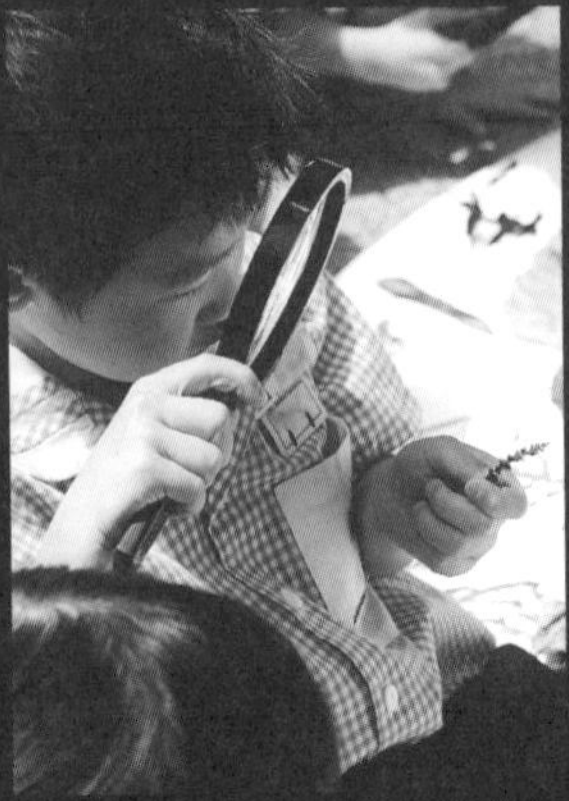

Touch,
Listen and
Learn

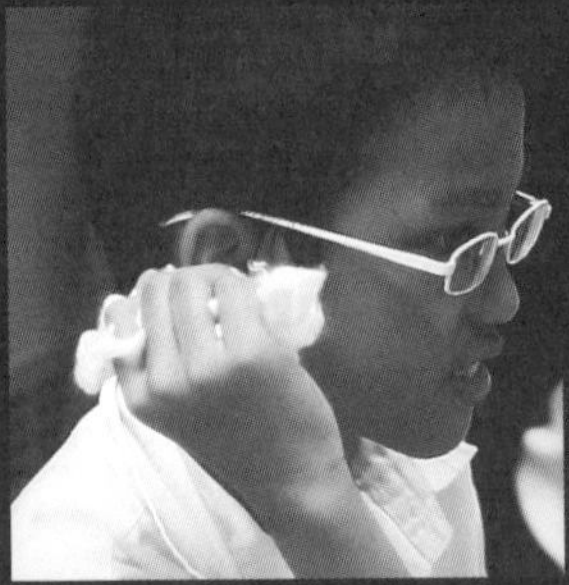

Design Gymnastic workshop for children
[©Masayo Ave and DesignSingapore Council]

るわけではなく、また、そのほとんどは、実に雑多な騒々しいものにまぎれて、ただ、そこにいる。そこにいて、発見されるのを待っている。そのような美しい記号を発見するには、ただ目で風景をなぞるだけでなく、それを認識するための想像力や直感力、そして、そこにピタリと焦点をあわせられる目の力が必要である。それは、ガラクタの山の中から、宝のような美しいデザインを発見する筋トレであり、雑多な情報の山から、これだという答えをピタリと見つけるための想像力の筋トレでもある。

見えないものを想い描く

最新のデザイン体操「TOUCH, LISTEN and LEARN」は、ものを診る力を鍛える演習。袋の中に隠されたものを触診して、さわり心地をイメージする色や言葉で記録し、また、その形を詳細な絵におこしていく遊び。美術教育や、デザイン教育のなかに、目で見たものを絵におこす演習は多々あるが、見えないものを「想い描く演習」というのは、意外とないものである。

◎

実際のところ、袋の中に隠したりしなくても、ものには裏側というものがあり、どれだけ目を見開いても、私たちはものの半分しか見ることができない。目の前には、実にたくさんの、見えないものが存在しているのであって、見えていない側、見えていない後ろ姿を、想像力だけで詳細に絵に起こしてみる遊びは、目に見えぬ本質をとらえ、また、誰も見たことのない未来を想い描く力をつけるための筋トレでもある。今年客員教授を務めたベルリン・ヴァイセンゼー芸術大学の入試では、通常のデッサン課題に代わり、後ろ向きに座った着衣モデルの「見えていない側」を想像して詳細に描く、という課題を出してみた。受験生にとっては、なかなか冷や汗ものの課題だったかと思うが、受験生の観察力や絵を描く技術だけでなく、想像力という才能を見ることもできたので、選考委員の間では評判がよかった。「見えないものを想い描くデザイン体操」は、見えているものを巧みに、忠実に描く訓練をしてきたプロにとっても、新鮮で有効な演習かと思う。

デザインの壁に風穴を開ける

このようなデザイン体操の試みは、自分がデザインという生業から学んだものを、もういちど生きる本質に戻す試みであり、また、体操の一つひとつは、アノニマスデザインの世界に飛び込むための風穴として、狭義のデザインの壁に、子どもたちと一緒になって、ドリルでぐりぐりと開けている穴でもある。開けることができた風穴の数は、まだ多くはないが、ひとつ穴が開くたび、その穴の向こうに見えるデザインの世界の広さに、子どもたちと共に狂喜し、感嘆する。「ああ、デザインというのは、かくも無限で、奥の深いものであったのか」と。

愛のバッドデザイン
——感覚の原型をつくり出す

清水久和／インダストリアルデザイナー
Hisakazu Shimizu Industrial Designer

1-3

● 愛のバッドデザイン

アイスを買うとついてくる木製さじや、パンの袋をとめる日付入りのプレート。人生ゲームの車に乗せる「人」、出たり引っ込んだりするビーチボールの空気注入口など。これらは機能と造形がひとつになった優れたデザインである。それにもかかわらず、グッドデザインに選ばれることもなく、改めて取りあげられることも話題になることもなく、己の役割に従い、忘れ去られ、静かに生涯を終えようとしている。私はそうした取るに足らないものたちに、敬意とユーモアを込めて「愛のバッドデザイン」と名づけた。１９９２年から収集を始め、雑誌の連載や出版の機会に幾度かめぐまれた。

◎

私が「アノニマスデザイン」を初めて知ったのは、１９９８年にセゾン美術館で行われた柳宗理展においてであった。柳が自分と同じような活動をしていたことに少し驚いた。「アノニマスデザイン」と「愛のバッドデザイン」の相違はなんだろう。柳の蒐集品が〝用の美〟を主題にしているのに対し

「愛のバッドデザイン」より。
〈製氷皿〉〈人生ゲームの人〉〈膨らますところ〉

て、私のそれは記憶のなかで光っていた小さな工業製品たちへの愛と賛辞であった。時代背景も違う。柳は工業製品の原型が形づくられようとしていた時代に活動し、私は多くの工業製品が熾烈な競争を展開していた時代にデザイナーになった。

◎

工業製品と記憶の共有

「愛のバッドデザイン」は個人的な記憶に基づいているが、その記憶は昭和の後半に育った人々に確かに共有されている。私が講演などで事例を紹介すると（例えばアルミの製氷皿など）皆一様に忘れていた記憶を掘り起こされた様子で「ああ」という声をあげる。とても興味深い。見知らぬ様々な年齢の人たちが、1枚の写真をきっかけに同様の記憶をたどるのだから。最初に掘り起こされるのは感覚の記憶である。製氷皿であれば、アルミの独特な白さや固さ、指が製氷皿にくっつく感覚、取っ手を引き上げて氷を製氷皿から外す時のきしむような音など。それらが引き金となって、子供時代の夏の記憶を生々しくよみがえらせる。

「愛のバッドデザイン」で使っている写真は、私や聴衆が実際に使った「そのもの」ではない。それでも共通の感覚を呼び起こす。実はこのことは、工業製品とそのデザインに隠されたある重要な役割を明らかにしている。数千万個という単位で製造され、販売され、時に数億人が使用する工業製品は、視覚、触覚、聴覚、嗅覚、場合によっては味覚においても、同じ感覚を人々にもたらすのである。それは例えば太陽がくりかえし昇り沈むあいだに、光に対する共通の感覚を人々に植え付けてきたのにも似ている。優れた工業製品はそんな感覚を人々にもたらす。すなわち、工業製品はいわば第二の自然として「感覚の原型」を提供している。

デジタルカメラのデザインを革新した
〈IXY Digital 600〉

◎

図面のないデザイン

工業製品をデザインしている時、私たちは「感覚の原型」を設計している。製品の機能が見えにくくなった現代、この認識こそが工業デザインに必要なのではないか。例えばアップルのデザイナーたちが、あれほどまでに形や精度にこだわるのは、単なる趣味の問題ではない。それは洗練された「感覚の原型」を生み出すためだ。ユーザーはそれを鋭く感じとる。直感的に好ましいと判断し、他の製品を選択することが不快になる。こうしてアップルは市場を圧倒的に支配するのだ。では、その「感覚の原型」をどのように設計するか。手前味噌になるが私の経験を述べたい。

2002年から9年に渡って、私はキヤノンでデジタルカメラ〈IXY〉のデザインを行った。私が担当している間、〈IXY〉シリーズはそれまでの450万台足らずから2300万台近くまで販売台数を伸ばし、8年に渡って世界シェアの1位を保持した。〈IXY〉が売り上げを伸ばした最も大きな要因はデザインである。それまでのデジタルカメラのデザインを乗り越えるために私が行ったことは大きく2つ。ひとつは、寸法に捉われない造形手法の開発である。それまで、図面による寸法の指示なしに製品を製造することは不可能であった。デザイナーが自らの感覚で自由に造形を行ったとしても、製品化のためには図面化が必要であり、そのため自由な造形を、数値で表現可能な近似的な造形に置き換える必要があった。近似的な造形はデザイナーの感覚を素直に反映させたものとはいえず、完成に近づくにつれ形態の魅力を損なう問題があった。〈IXY〉のデザインに取りかかるにあたり、3Dのソフトウェアを手足のように扱うスキルを身に付けていた私は、ソフトウェア上で自由に造形したスケッチをそのまま製品として形にした。図面はもう必要なかった。数値による検品を習慣づけられ、前例のないことを何よりも嫌うエンジニアたちを説得し、図面もなく曲面を表す数値もないままにデジタルカメラを製品化する新たなデザイン手法を確立したのである。私はその手法に「カーバチャーデザイン」と名付けた。カーバチャーデザインは、キヤノン独自の造形手法として現在でも受け継がれている。

● 選択される形と色 ◎

もうひとつは、独自の薄膜塗装の開発である。当時の〈IXY〉はステンレスボディである事をデザインの特徴としていて、梨地を表現したブラスト処理や、真っ直ぐな傷をつけたヘアライン処理を施した工作器具のようなデザインであった。当時はそれが男性的で格好良いと思われていたのだが、私には不満があった。ステンレスの色はあまりにも暗すぎる。今後多くのユーザーの心を掴むために、カメラには明るい表情こそ望ましい。そう考えて、ステンレスの表面に塗装を施すことを提案した。ステンレス素材の表情こそが〈IXY〉らしさだと信じる社内の強い反対を押し切り、部品メーカーと共に検討を重ねた。私が求めていた品質は正確な平滑性を持つ「塗装に見えない塗装」である。従来の塗装技術では塗装溜まりを解決できず難航したが、多くの試作を繰り返すうちに到達したのが超薄膜の多層コーティングである。これは塗装の革新であった。これによって美しい白色仕上げの〈IXY〉の量産に成功したのである。今では競合他社もこの塗装技術を活用している。〈IXY〉のために開発してきた薄膜塗装は、今やものづくりの世界に共有の財産となった。

形と色のためになぜそこまで、と言われてきた。しかしその形と色こそが、小さな「感覚の原型」をつくり出し、延べ数億の人々に〈IXY〉を選択させる決め手となったのである。

関係性をつなぎ直す、統合の仕事

織咲誠／インターデザインアーティスト

Makoto Orisaki Inter Design Artist

1-4

全体最適のためのセオリー

ものごとを美しくまとめ上げようとする時、部分を100％に仕上げることに特化した技術に向かうより、どこかをほんの少し妥協しても〝全体の振る舞い〟を優先する方がうまくゆく。自然界の食物の収穫ではすべては取り切らず、先々や他への配慮から少しずつ残しておくことに近いかもしれない。スポーツのチームでも、際立つ選手ばかりを集めるより、名手不在の、「チームの勝利」の方に理があることが多い。これらの事例が示唆しているのは、〝全体最適のためのセオリー〟の存在である。

関係性の線

何かと何かの〝あいだ〟には力学がある。その力は、モノにおいてはシワや亀裂といった線となり、構造物では梁として現れる。また、〝あいだ〟に生まれる線には、見えるものと見えないものがある。人と人のつながりのようなものは目に見えない

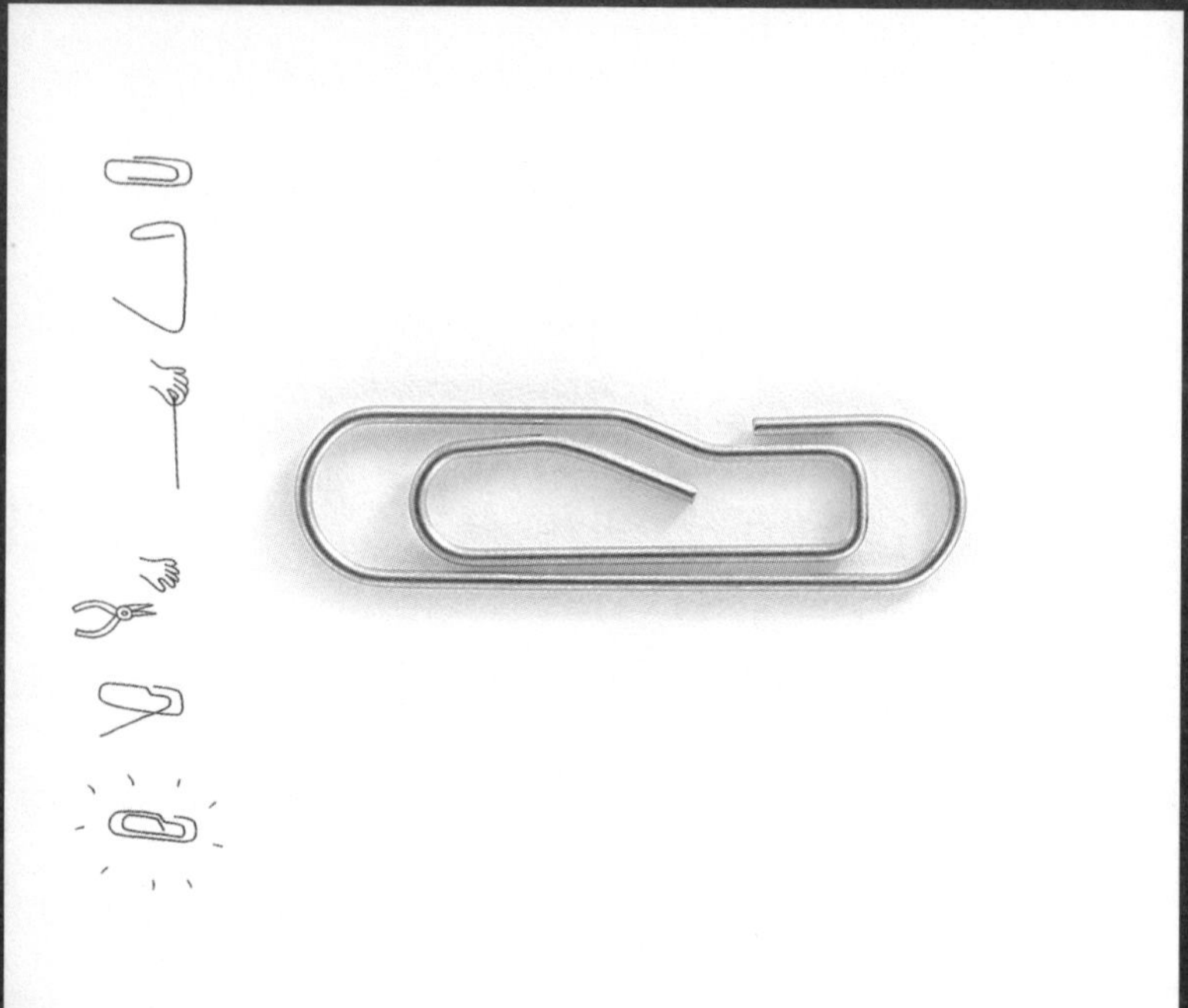

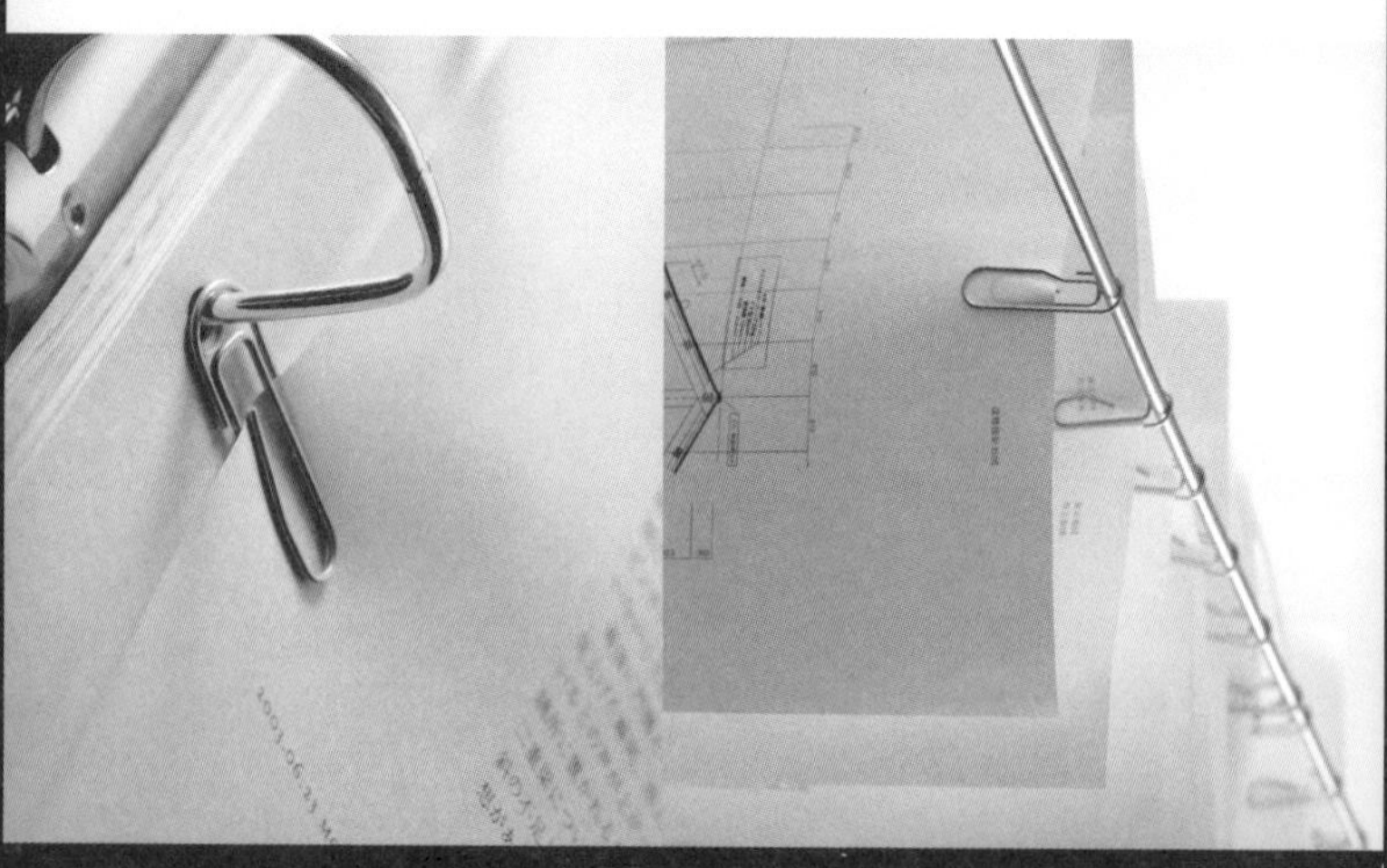

〈Clink!=Clip+Link〉2002年。「挟む」から「挟む+リンク!」へ。伸ばして曲げ直しただけのゼムクリップ。
つながり、共生、協働、多様性…「21世紀のかたち思想」を試行した

が、これを捉えられるようになることが、良いクリエイティブの要だ。モノと人のつながりをうまく連携設計できれば、人機一体の妙を体感できる。すなわち、〝線〟とは、関係性を現すものと言える。そして、関係性を〝つながりの線〟として見る時、そこにはすでにデザインがある。デザインは関係性の線を捉える行為なのである。

◎

矛盾を調和させる魔法

〝線〟を成り立たせるもの。それは〝バランス〟の一言に集約される。「あっちをたてれば、こっちがたたず」ということはつくり手にとって日常茶飯事で、物事はすべからく二律相反する。その一見矛盾を調和させる魔法がデザインである。例えば、軽くて強度があること。飛行機や乗り物をつくることのなかには常に、技術だけでなく形態の道理、マジックのような発見が求められる。

デザインをこのように考える時、形態と機能は不可分だが、それだけでは不十分だということになる。形態と機能に「関係生」が加わって初めて、デザインが可能となる。今の時代なら環境や自然をとらえることが含まれるし、人間の様々な、とらえにくい側面の設計も不可欠で、必ずしも〝物理的な形〟のデザインである必要がない。

◎

誰がやっても「そうにしかならない」姿・かたち

デザインの、矛盾を調和させる魔法は、角のある石が川に流され下りながら丸い石になることにも似て、様々な種類や形があったとしても、最後は「そうにしかならない形」にたどり着くことで完成される。そのとき、モノのデザインは、自然界における川と石のように、人間界のさまざまな諸条件がぶつかり合い、結果「丸く」なることによって、

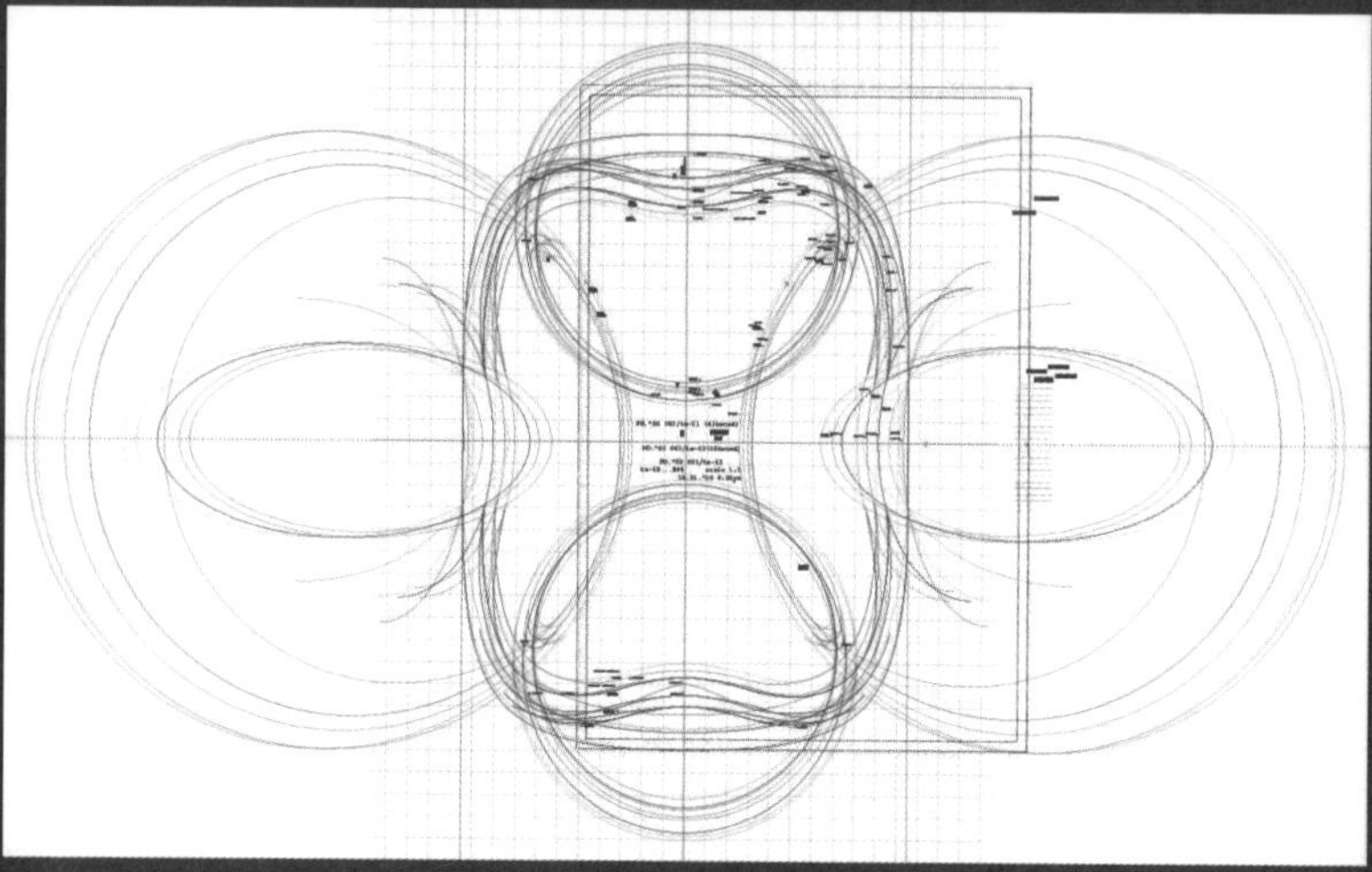

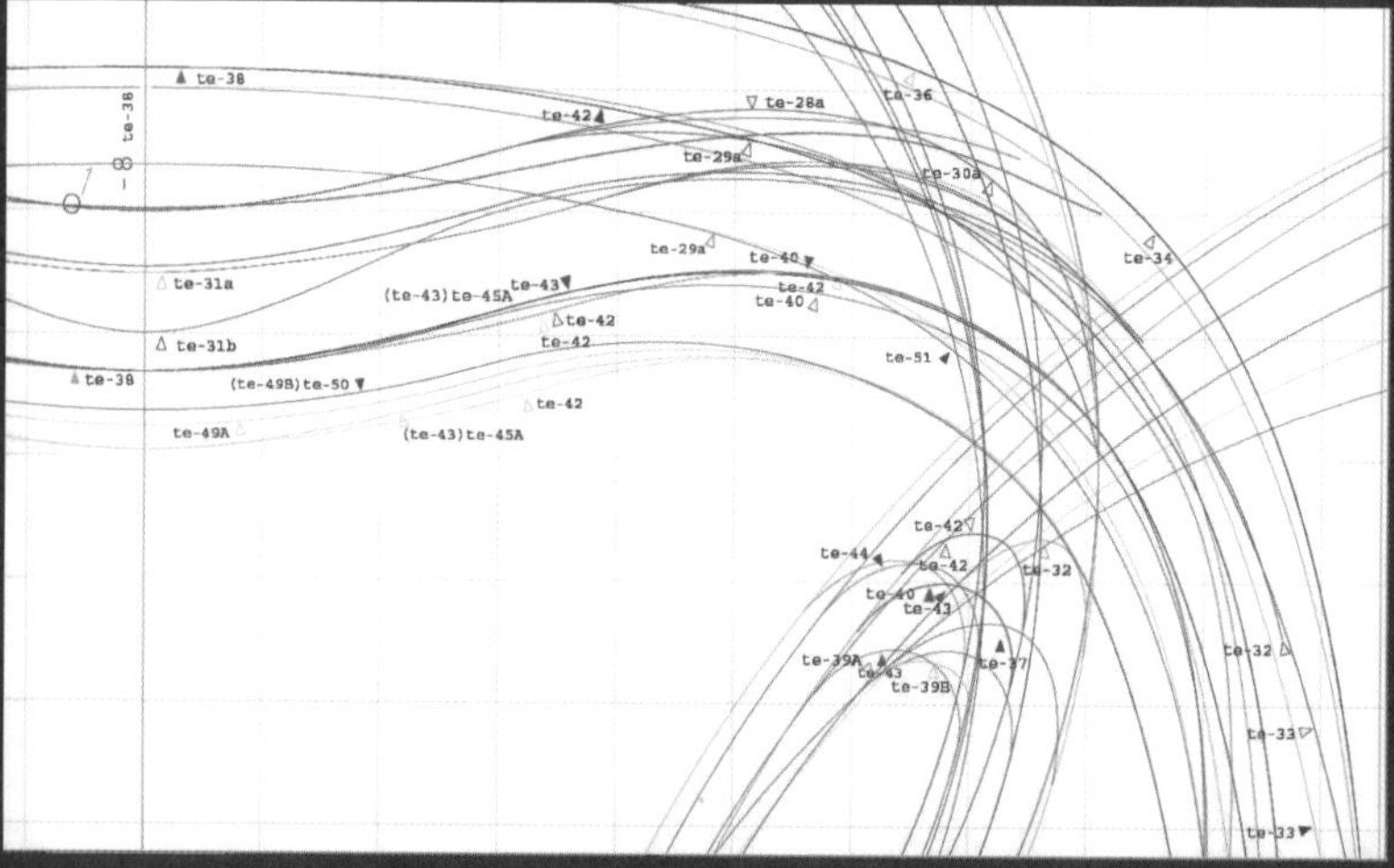

〈Line Works #000〉「紙皿」のRE design、2000年。
Line Works "The world changes when you draw lines differently(線の引き方次第で、世界が変わる)"。
握ることで、平面から立体へ変化する構造。お皿と飲み物が同時に持てる、グラス、缶、お箸などが「つながりの線」によって仲良くなれた。
TAKEO PAPER SHOW 2000『RE DESIGN 日常の21世紀』展出品
[©Line Works : Makoto Orisaki / Makoto Orisaki Inter_works Lab]

個を超えた普遍へと届くこととなる。「自然（じねん）」とは、〝おのずからそうなること〟を意味するが、それこそがデザインの理想である。

●ゼムクリップのリファイニング

「ゼムクリップ」は間違いなくアノニマスデザインである。100年以上も変わらず、同じ形のまま使い続けられている。このような強度のあるデザインに新たなアイデアを持ち込むことは、デザイナーであれば誰もが夢見ることであろう。実際に世界中のデザイナーがトライしているが、残念ながらほとんどが〝クリップの原型〟を乗り越えておらず、むしろ後退している。特に昨今のファンシー・スタイリングデザインのクリップは、挟持力から平面生、絡み防止などを殆ど無視した知的遊戯にすぎず、遊び半分で買われている。その状況には、どこか寂しい感覚を覚える。

◎

ゼムクリップに敬意を持ちつつ、わずかな不足を補って新しい時代にふさわしいものにしようと、筆者が試みた結果が「Clink!＝Clip＋Link」である。余計な材料をいっさい使用することなく、ゼムクリップを構成する〝線〟をいったん伸ばし、再び曲げ直す過程だけで、ゼムクリップを「引っかけ」られるようにした。これによりクリップした書類をそのままファイルホルダーのリングに装着することが可能になった。クリップをハンガー金具として吊るすこともできる。

●紙皿の線を再構成する

同様の試みを、これもまたアノニマスデザインといえる「紙皿」に対して行った。紙皿は立食などで用いられるが、飲み物と一緒に持てない、箸が落ちやすい、などの難がある。そこで、今ある紙皿と同じ素材を同じ分量のまま、という条件で課題に

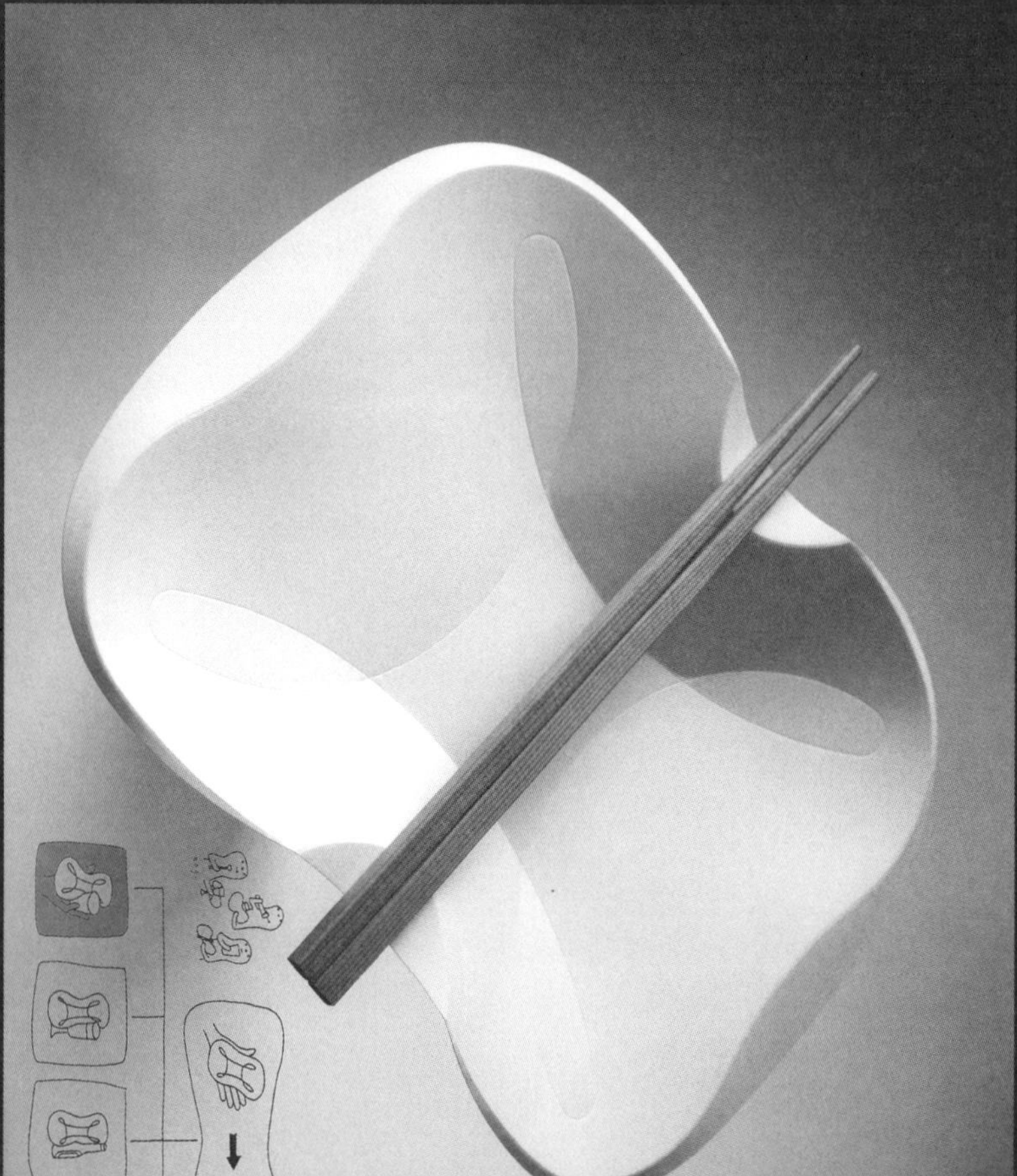

〈Line Works #000〉「紙皿」のRE design

取り組んだ。実際に行ったのは、紙皿の型紙の上に無数の線を引きながら、諸条件の背反をバランスさせる線を見いだしてゆく「線の再構成」であり、それによって多様な状況をひとつでまかなう「統合の形」を発見できた。握ることで平面から立体へ変化するこの紙皿は、飲み物と一緒に持てるなど、多様な場面に柔軟に対応する〝構造〟を持つ。これらは筆者が展開しているプロジェクト〈Line Works〉の一部である。プロジェクトのテーマは「線の引き方次第で、世界が変わる」。「世界が変わる」のは、大げさではない。バラバラなもの、様々な条件、多様さをそのまま受け入れる「統合のかたち」を見いだすことは、モノのデザインにとどまらず、どの分野にも応用できるのである。

● 統合のデザイン

事の大小、技術の高低、分野に係わらず「個を超えた全体の仕事」が21世紀のクリエイティブの潮流となることを願っている。多くの機能がひとつの箱にまとまり収まっているコンバインの時代から、部分部分が少しずつその時々で協調しあい、調和的に振る舞うかたち。合金のようにそれぞれの強度の単純な和にはならず、より上の強度が得られてしまう不思議な振る舞い。部分特化、機能特化から、新たな時代には統合や全体最適が求められる。

「どちらか?」と問われれば「どちらも」と答えなくてはならない。例えば、アナログとデジタル。これらの対比は、あまりにも明らかだが、それでも、両方の混合はありうる。その良い例として我々の身体は、デジタル的な電気信号をアナログ機構でつないで動いている。人体同様、人間環境と自然環境を真摯に調和させようと仕事をすれば、理想的なかたちの領域が現れるだろう。

生まれて育つもの

——素材と道具、料理と器

石井すみ子／工芸デザイナー

Sumiko Ishii Craft Designer

1-5

月下美人と古典文学

私が幼い頃、母に連れられて、よく知人の家に行った。その家は高台にあり、向かいにそびえ立つ山の景色を室内から一望できる。外に広く設けられたテラスには、レンガづくりのバーベキューコーナーがあった。框に美しい材を使ったオープンな玄関。様々な道具や食器が並ぶ台所。快適そうな浴室。こぢんまりとした家だが、主人の暮らし向きが幼い私にも心地良さを感じさせてくれた。

ある日、「今晩、月下美人の花が咲くからおいで」と言われ伺うことになった。玄関先に置かれた、私の背丈以上に育った月下美人の鉢植えにいくつかの蕾がなっていて、今にも開きそうな花を眺めていた。その情景は、私の記憶に仕舞われていて、時折思い出してみるのである。大学では万葉集を中心とした古典文学を学んだ。『万葉人のすまい』を自分のテーマとして選ぶことになり、和歌のなかに見られる当時の人の生活感情と空間性を少し垣間見たように思う。古典文学との接触が、現在《いま》の私のものづくりに影響を与えているのだろう。古代から連なる日本人の潜在意識を探るように、古代に意識を向けてみたり、現在《いま》と向き合ったりしながら、ものづくりができればと思っている。

山の暗闇、月の明るさ

その後、インテリアの学校に通い、一時東京で仕事をし、また京都へ戻り、安田勝美建築研究所に在籍した。研究所では、ほぼ毎日の模型づくりとカフェを2件、担当した。研究所を出て、奇しくも安田さんが設計した家に住むことになった。そこは滋賀県八日市の古民家を京丹波へ移築し、山の麓でひとり陶芸をしている人の家だった。現在《いま》の夫の家。そこに結婚して住まうことになった。それまでの都会の生活はそれなりに刺激的だったが、〝モノをつくる〟ということと、自分自身が切り離されているような感覚があり、繋がりや必然性が感じられなかった。

田舎で住まうことになって、はじめは戸惑うことばかりだった。自然とどう向き合っていいのか分からず、大地と自分との関係性を確認するように、地面を耕してみたり、山へ入ってみたりした。山の暗闇は、それまでに経験したことのないもので、とても深く、想像力を豊かにすれば、恐れは膨らむばかりだった。それと同時に、月の明るさを知った。満月の夜は深い青みを帯びた光が森を照らし、どこまでも歩いていけそうなほどに明るい。月の光がつくる木々の影が美しかった。自然の呼吸を体で実感していくに従って、暗闇もさほど怖くなくなっていった。

田舎での生活は、季節を何周かしてようやく気付くこともあり、数年してリズムが出始めた。自分自身のものづくりをどのように形にしていけばいいのか考えるなか、数年は主人の仕事の手伝いをして過ごした。毎日の生活で〝つくる〟ということ

自宅兼仕事場の移築古民家（中央）とギャラリー（右）そして天道花

◎

では〝料理〟がいちばん創作的なことだと思えた。ものを生み出すような心構えで、料理をしてみることにした。

素材と道具、料理と器

田舎では季節ごとの新鮮な野菜が手に入る。直売所では生産者の違う、同じ野菜がずらりと並ぶ。そのなかから良さそうなもの、それは身なりだけでなく、そのものから発せられるものを発見するように選ぶ。たまに失敗もある。料理をつくる過程にも留意する。器づかいなども考えながら毎日違う要素を加えることを心掛ける。料理は1曲の音楽のように心地良く、ひとつの流れが滞りなくできるように。それが、素材と道具、料理と器という関係性に結び付いていき、私の〝ものづくり〟のきっかけになっていった。

例えば調理用のボウル。いくら探してもしっくりとくるものが見つからなかったので、鍛金の職人にお願いしてつくってもらうことにした。せっかくならば、一生使えるものをと真鍮の打ち出しでつくってもらった。少しの手入れは必要だが、利便性より料理する時の感覚を大事にしたいと思う私には、手仕事でつくられた真鍮のボウルは、調理する時も素材と一体となっているような感じで、不自然さがなかった。はじめは大きいもの。その次は小さいもの。そしてその間のもの。まずひとつ使ってみて、必要だと思われるサイズをその都度につくっていき、2年ぐらい経った時、3つの入れ子の形で完成した。

始まりとしてのモノ

そうやってつくってきたものは、真鍮のスプーン、六角まな板、木製のスクレーパー、ようじ、茶袋、ロックグラス、ワゴン、しゃもじ、大黒様、丹波布

真鍮のボウル

スカート、カーディガン…など。

それらは図面を描き、作り手と摺り合せしながらつくっていくこともあるし、掛け合いのようにしてできてくることもある。

◎

丹波布スカート

住まいする丹波には素朴な美しい織物がある。綿を手で紡ぎ、栗の皮、榛《はん》の木の樹皮、楊梅《やまもも》の樹皮、こぶな草、藍などで染められる。緯糸に絹糸のつまみ糸を入れ、手織りで織っていく。草木で染められた糸が縞を作る。丹波布特有の無限の色調の縞に惹かれて、古い丹波布の柄の中から、縞のコントラストが特に際立った大柄の復刻柄を織っていただき、シンプルな形のスカートにした。昔からそこにあった、産地の織物で、今に使える衣服をつくるということは、ささやかなデザインだけれども、私にとっては大変意義深いものになった。

◎

しゃもじ

今はプラスチックのものが使われていたりする。〝よそう〟という行為は、日々なにげなく行われる。それは古代から行われてきた行為で、日本人が古くから主食としてきた米は日々の大切な糧として、今に繋がってきたものだ。お釜にふっくらと炊けたごはんを〝よそう〟という行為に気を留めてみる。すると、何か蔑ろにできないものが見えてくる。祈りにも近いものが必要だと思われてくる。それを作り手と形にしていく時、日本人が持っている共通の潜在意識をお互いで確認し合うように話を重ねていく。そして作り手のなかから〝モノ〟が自ら生まれてくるタイミングを待って〝しゃもじ〟が生まれてくる。ここでは〝つくる〟というよりも〝生まれる〟と言った方が相応しい。それは桑の材で程良い厚みがあり、手に馴染むカーブで、削り出していくための鑿《のみ》の跡が残ったものになった。

ギャラリー白田
地元の杉を使って

ちゃんぶくろ（協働：川合幸枝）｜丹波布スカート（手紡ぎ・草木染め・手織り）｜墨染め座布団（麻）
絹と毛のカーディガン（手動の編み機＋手編み）｜六角まな板（ひのき）｜手漉き和紙（協働：紙漉思考室）

◎

〝モノ〟は何かの結果であり、始まりであり、その過程に潜んでいるものを、注意深く感じてみるのは楽しい。

● 畠、白田

3年前、敷地の一角にギャラリーを設けた。大工仕事は同じ村の大工さんにお願いし、物置を増築して小さなスペースをつくった。畠という字を分けて名前を白田《はくでん》とした。〝モノ〟が生まれて育っていくという意味を込めて。内装は、やきものの材料で使う白い土を板張りの天井と壁に塗り、床は白いペンキを塗った。展示の棚は、増築する時伐採した立木を製材してつくった。主人の陶器と私の暮らしの道具を販売し、時に企画展をしたりする。その空間では、窓から見える山側の景色を眺めたり、本を読んだり、幼少の時の月下美人を思い出してみたりするのだ。

受け継ぐことと、紡ぐこと

——ファンクションとパッション、または機能と昨日。

柳原照弘／デザイナー

1-6
Teruhiro Yanagihara Designer

「しばしば、連歌は日本人に対し、自分自身から脱出する可能性、孤立した個人の無名性から、交換と承認が形づくる円環へと転じる可能性を提供したのではないかと思われる。これは階級制度の重圧から自己を解き放つ一つの方法だった。連歌は礼儀作法に匹敵するような厳格な規則にしばられてはいるものの、その目的は個人の自発性を抑え付けることではなく、反対に、各人の才能が、他人にも自分自身にも害を及ぼすことなく発揮されるような自由な空間を開くことにあった。」

——オクタビオ・パス『RENGA』序文

プロジェクトとしての「コピー」

歴史や経験のなかで生まれ、それが何らかの形で受け継がれていくものに美しさを感じる。だが、それは単に機能に従うだけで生まれるものではない。本当の意味でモノの形を決めるのは、従うだけではなく、時にはそれを乗り越えなければならない。
２００９年にスイスのデザイナーデュオ、KuengCaputoと行ったプロジェクトは、お互いがデザインしたプロダクトをコピーしていくものだった。以前から彼女たちが発表していた作品は、ミラノサローネや家具店などで並んでいる、誰かがデザインした既成のデザインを写真に納め、そのプロダクトを次々にコピーしていくものだった。但しそのコピーは、完全なコピーではなく、形だったり、概念だったりと、そこにあるもののなかからひとつだけ要素を抽出していく。限りなくポジティブなパスティーシュによって生まれたコピーは、模倣ではなく彼女たちのまぎれもないオリジナルである。僕は彼女たちのプロジェクトに興味を持ち、彼女たちに内緒でそのコピーの続きを行うことにした。

最初に、彼女たちが行ったコピープロジェクトのなかから無造作にひとつの作品を選んだ。その作品は彼女たちがどこかの展示会で見た既製品（誰かがデザインしたものだが）のなかから構造の概念を抜き取り、コピーを行ったものだ。コピーをする前は自立した構造を持っていたが、彼女たちの作品は天井から2色の紐のようなものが吊られているものだった。僕はその天井から吊り下げられた作品を見ながら、彼女たちと同じように、あるひとつの要素だけを抽出してコピーを行った。2色の構造体により自立するシェルフに「１９１５」と名前を付けた。ロシアアバンギャルドの始まった年を意味するが、そこにはそれ以上の意味はない。生まれてきたデザインはKuengCaputoのコピーでありながら、オリジナルであるものとしてそこに存在する。僕はその作品をその年のミラノサローネに出展し、そこで初めて彼女たちにコピーをした事を告げる。表向きはコピーである事を告げないグループ展であったが、コピーされた本人たちだけは、その事実を知ってしまう。彼女たち

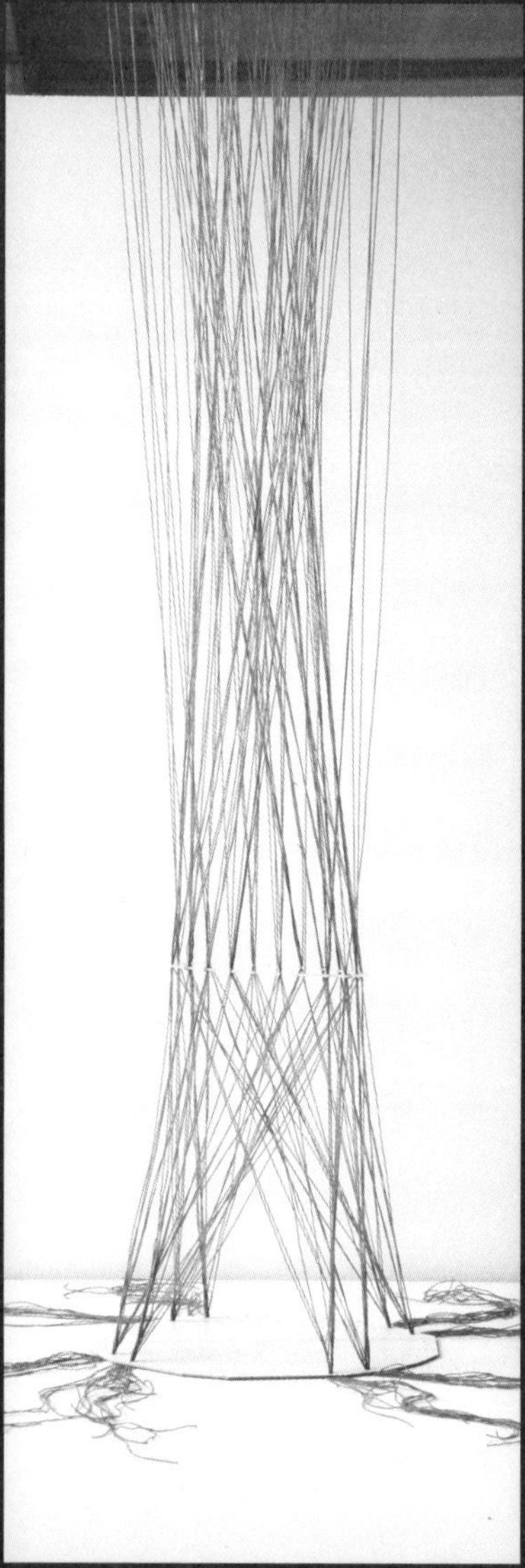

〈COPIES by KUENG CAPUTO by ISOLATION UNIT〉。
KUENG CAPUTOと行ったコピープロジェクト

は自分たちがコピーされた事実を単純に面白がり、その続きを行う事になった。

◎

彼女たちは半年後に来日し、僕のデザインしたシェルフをコピーして、椅子をデザインした。僕はまた、彼女たちの椅子をコピーしてガラスの花瓶をデザインし、同じ展示で並べることにした。その一つひとつは全く違う機能を持つものでありながら、見えない重要な関係性を持っている。どんなデザインであれ、その一つひとつは、過去の集積であり、それまでの何れでもない、オリジナルであるとも言える。

● 集積のデザイン

重要な関係性とは何か？「CAFÉ RECIPE」と名付けられたプロジェクトは、植物園の中にあるガラス室を舞台にした、人々の記憶を積み重ねていくことでつくられる空間の提案である。六甲山の山頂にある高山植物園に設置されたガラス室の中に大きなテーブルと椅子、簡単な調理器具と真っ白いノートだけを置いて、そこにプラントハンター、西畠清順の手によって世界中から集められた植物で、空間を満たしていった。その植物には色の付いたタグがかかっており、それぞれ「食べられる植物」、「加工して食べられる植物」、「食べられない植物」に振り分けられている。食べられるかどうかは、来場者自身が決めたのではなく、これまでに受け継がれてきている一般的な経験の蓄積である。そのガラス室を訪れた人たちは、タグの色を頼りにその植物を使ってつくる料理のレシピを想像し、真っ白いノートに書き足していく。そこにはレモングラスとミントのハーブティーやサボテンを使ったジャムなど、食べられそうなものだけでなく、見た事もないレシピも記入されている。現在まで受け継がれてきた人々の記憶と来場者の想像力が、新たな記憶となり、真っ白だっ

〈CAFÉ RECIPE〉
ガラス室の中に出現した記憶をつなぐプロジェクト［撮影：Yasunori Shimomura］

たノートに積み重なっていく。僕らは歴史や経験を無視することもできないが、これからの記憶を積み重ねていかなければならないのだ。

● 受け継ぐこと、紡ぐこと

2011年、初めて佐賀県の有田に足を運ぶ事になった。有田は高度な品質と技術で世界中の人々を魅了した陶磁器、有田焼の産地である。1616年に陶祖、李参平によってつくられたのが日本の磁器の発祥とされており、その品質は今現在も有田の人たちによって受け継がれている。縁あって、その歴史が途絶えるかもしれないという危機を感じた人たちと一緒にものづくりをすることになった。「先人に飯を食べさせてもらっている」。僕がその地を訪れ、対話をしながら出てきた正直な感想だった。有田焼とはこういうものだという、見えない枠を自らつくり上げ、守ろうとしているのは歴史ではなく、その枠であることを誰も疑っていなかった。そこで僕は、その枠を消し去るのではなく、広げることにした。発祥の年とされる年号からとったブランドネーム、1616/arita japanは、今迄の枠のなかには存在しない。だが、現在を生きる有田の人たちが先人の記憶を継承し、生み出されたまぎれもない有田焼である。デザインとは何か？ それは、禅問答のようなもので答えはないと思っている。連歌のように、記憶を受け継ぎ、紡いでいく行為のなかに、僕自身が存在することの意味を感じている。

〈1616/arita japan〉
Scholten & Baijingsも関わる有田焼の新ブランド［撮影：Inga Powileit］

デザインと経営のハイブリッド
――ブランディングデザインの手法

西澤明洋／ブランディングデザイナー
Akihiro Nishizawa Branding Designer

1-7

●ブランディングデザインとは何か

私たちエイトブランディングデザインは、ブランディングデザインを専門とするデザイン会社である。私たちはブランディングの定義を「ある商品、サービス、もしくは企業の全体としてのイメージに、ある一定の方向性をつくり出すことで、他者と差別化すること」と明確に定めている。そして、ブランドのポジショニングなどの戦略部分からコンセプトづくり、そしてデザインまでを一貫して手がけることにより、クライアントのブランドを創造している。

まず最初にお断りしておきたいが、私はエイトブランディングデザインのつくり出すデザインが、アノニマスなものだとは考えていない。私たちはブランディングデザインにおいて、クライアントの固有性および独自性を、ブランドの魅力として最大限に引き出すことを念頭にデザイン活動を行っている。

さいたまスーパーアリーナ新イベントスペース「TOIRO」のブランディングデザイン。
コンセプト開発からネーミング、ロゴ、インテリア、WEBサイト、販促などのデザインをトータルに手掛けている
［設計はKAMITOPEN 吉田昌弘氏］

エイトブランディングデザインでは「フォーカスRPCD®」というブランド開発プロセスを提唱している（詳細は拙著『ブランドをデザインする！』を参照）。これはクライアントのブランドが市場において差別化され、確固たるポジションを獲得するためのデザイン方法論である。簡単に説明すると、R：リサーチ、P：プラン、C：コンセプト、D：デザインという一連の開発プロセスを通して、あるポイントにブランドの魅力をフォーカスさせ、それをデザインとして具現化させる。その過程で、クライアントの考えと私たちの考えがハイブリッドされ、独自の表現が生まれる。つまり、ブランディングデザインとは、クライアントと私たちの共同作業の結果であると言える。

● ブランディングデザインにおける作家性と非作家性

アノニマスデザインという言葉から私がまず思い浮かべる問いは、デザインの作家性と非作家性の問題である。グラフィックデザインにおける作家性とは、デザイナー個人に根ざした特定の造形パターンを持つことと理解している。例えば独特の書体デザイン、独特の幾何学パターン、独特の崩し

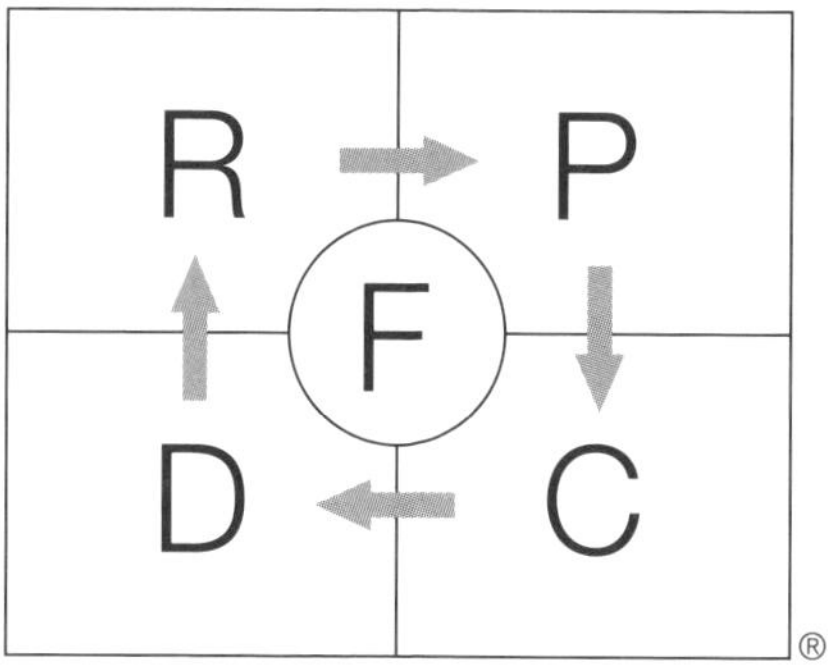

フォーカスRPCD®

F ………………… Focus（フォーカス）
R ………………… Research（リサーチ）
P ………………… Plan（プラン）
C ………………… Concept（コンセプト）
D ………………… Design（デザイン）

BEER COEDO BEAUTIFUL
Ruri
PREMIUM ALL MALT BEER
Kyara
PREMIUM ALL MALT BEER
Beniaka
PREMIUM LAGER

KIRIN
生茶
なまちゃ
KIRIN
生茶
緑の野菜のブレンド茶+
plus
ほんのり野菜のヘルシー緑茶

COEDO
生茶

たレイアウトなど、特定の造形パターンをどのような仕事においても適用するデザイナーがそうである。

◎

グラフィックデザインの分野では、1976年生まれの私周辺の世代を境に、上の世代のデザイナーには作家性を明確にしたデザイナーが多いように思う。逆に私以降の世代には少ないのではないか。私自身は、デザインにおいて自らの作家性を意識していない。しかし非作家的かと言われると、それには違和感がある。個性はあると思う。どのような個性かというと、クライアントの特性と私たちの特性がハイブリッドした形での「ブランドらしさ」という個性である。

◎

私たちが目指しているものは、そのブランドごとの個性をつくり上げることである。例えばエイトブランディングデザインで手がけたCOEDOと生茶。双方、それぞれのブランドらしさとしての個性はあると考えるが、同じ飲料のデザインだからといって、エイトブランディングデザインとしての特定の造形パターンによるデザインはされてはいない。むしろブランドのことを考えると、COEDOと生茶のデザインが同じタイプの造形パターンでできるはずがないと考えている。

● コンテンツか コミュニケーションか

作家性を持つ時、そのデザイナーは一種のコンテンツになる。アーティストを例に考えると分かりやすい。彼らは自身の作家性をコンテンツとして確立させることで、彼らの哲学や生き様を表現する。デザイナーにおける作家性とは、そもそもクライアントのための作家性ではない。その多くは、デザイン業界内で他のデザイナーとの差別化を図るための、手段としての作家性となっているのではないだろうか。

新タオルプロジェクト「lll works(ルルルワークス)」のブランディングデザイン。
商品企画、ネーミング、ロゴ、プロダクト、パッケージ、展示会、WEBサイト、販促など、
ブランドの企画からデザインまですべてを手掛けている

◎

私は作家性が悪いとは思わない。それが好きか嫌いかと聞かれれば、どちらかというと好きである。デザイナーとして見た時に、他のデザイナーの人となりに触れるのは楽しい。しかしながら、ブランディングデザインという視点で見た時には、作家性がブランドにとって悪い影響となる場合がある。

◎

例えばクライアントのブランドイメージにはそぐわない造形パターンを有するデザイナーが、クライアントの目指すべき方向性を理解せずに、いつものパターンでデザインをしてしまうなどの場合である。それが双方の合意のもとに行われていれば問題ないが、クライアントのデザインリテラシーの低さから、もしくはデザイナーの経営リテラシーの低さから、そのようなミスマッチの問題は起こる。

◎

ブランディングデザインに求められるデザインは、多くはコミュニケーションとしてのデザインである。コンテンツはクライアント自身にあり、それを十分に引き出し表現することが、まず第一に求められている。デザイナーの作家性というコンテンツが、クライアントのコンテンツと相性が良い場合は問題ないが、そうではない場合、そのブランドのコミュニケーションが成功する確率は低いように思う。

● ブランディングデザインから見るアノニマス的可能性

ブランディングにおけるデザインの主体性はデザイナーにあるのか、クライアントにあるのか、はたまた社会（もしくは市場またはユーザー）にあるのか。興味深い問題である。紙面に限りがあるのでここでは詳しく触れないが、私はブランディングデザインには3つの階層があると考えている。コミュニケーション、コンテンツ、マネジメントの3階層である。これからのデザイナーはその活動領域をコミュニケーションに限らず、コンテンツまで、そして最終的にはマネジメントまでに責任を持ちながら活動するようになってくるだろう。実際、私たちの活動も昨年あたりから新しいフェーズに突入している。あるブランドのコミュニケーションから商品開発までをトータルに手がけたり、またあるブランドでは、株式を所有し役員としてプロジェクトに参画し、部分的にマネジメントにまで責任を持ち始めている。

◎

ブランディングデザインの本質とは、デザインマネジメントである。デザインと経営がハイブリッドするところに、その醍醐味がある。それをアノニマスというのにはいささか抵抗があるが、デザイナーの立ち位置が、従来の請負業的なクライアントのアウトサイダーとして独立した立場ではなく、限りなくインサイダーとなっていくことで、新しいデザインの可能性が生まれてくるのではないかと思う。

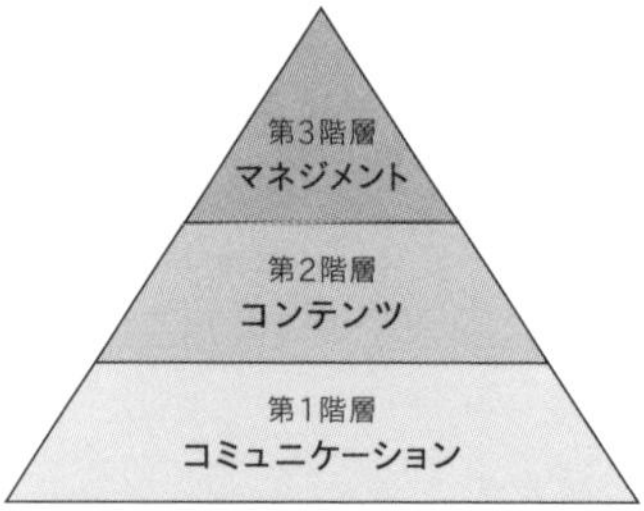

ブランディングデザインの3つの階層

問いとしてのデザイン
──柔軟な未来の設計

水野大二郎／デザイン研究者
1-8
Daijiro Mizuno
Design Researcher

このシンポジウムでは、私も関わるFabLabが示唆する「ものづくりの未来」、が重要な議題のひとつであった。「必要な時に、必要なデザインを、必要な分だけ」3Dプリンタなどのデジタル工作機械を用いて制作することが、どのような社会的インパクトをもたらすのか。「パーソナル・ファブリケーション」あるいは「Maker Movement」と呼称されるこの運動は、単なる手工芸の復興ではない。情報空間と実空間の連動によって引き起こされるものであり、図面として、あるいはそのまま出力可

◎

●デザイナーは社会に問いを立てられるか？

私はファッションデザインを中心に、一般市民の創造性に根ざしたデザインの実践的研究を慶應義塾大学SFCにて行っている。最近では、「ファッションは更新できるのか？会議」というシンポジウム[注1]のモデレータとして、ファッションデザインにおける生産、流通、消費の新しいあり方について議論を重ねてきた。

能なデータとして、ウェブ上での協働がそのまま形となるのである。

事実、今日ではプロ・アマ問わず不特定多数の協働によって、顕名性を失効したアノニマスなデータとしてのオープンデザインがウェブ上に無数に存在する。ファッションデザインは摸倣と引用によってそのダイナミズムを維持してきたが、オープンデザインやデジタル工作機械の利活用がもたらす未来のファッションデザインとは果たして誰のものなのか。大量消費と大量生産のシステムを更新しえるテクノロジーは、我々の生活にどうような未来をもたらすのか。ファッションデザイナーが今後担うべき役割とは何なのか。「ファッションは更新できるのか?会議」では以上のようなファッションデザインに特化した問いに基づき、多様な有識者を招いて意見が交わされている。しかし、ここではファッションデザインから敷衍的に考えてみたい。

問いとしてのデザイン

今日最先端のテクノロジーが応用、実装可能になった未来とはどのような社会だろうか。サイエンス・フィクションのような世界は本当に訪れるだろうか。問題解決のためだけでなく、美術などが担ってきた役割としてのオルタナティブな未来の社会像を描くことはデザインにも可能なのか。――ここでは、クリティカルデザイン、あるいはスペキュラティブデザインと呼称される「問いとしてのデザイン」を通して、デザイナーの今日的役割について考えてみたい。

クリティカルデザインとは、ロイヤルカレッジ・オブ・アート（RCA）のデザイン・インタラクション科教授のアンソニー・ダンによって提唱された。ダンは自著『Hertzian Tales』（ヘルツの物語）において初めてクリティカルデザインという言葉を用いて、テクノロジーの発達に伴って分断される人間との関係性を思考させるためつくられた、「問いとしてのデザイン」について言及した。もちろん社会批評としてのデザインは彼が世界で最初に行ったわけではないが、『Hertzian Tales』においてダンは社会システムの過渡期において新しいテクノロジーが一般市民にもたらす社会的、文化的、倫理的、歴史的、経済的課題をデザインが示唆しうることを示したうえで、ユーモラスな「ものがたり」としての「問いとしてのデザイン」について言及した。

例えば、ダンの作品に「プラシーボプロジェクト」と題されたものがある。ダンは目に見えない電磁波が日常生活において様々な形で利用されつつも、「携帯電話を使いすぎると体に良くない」といったあいまいな懸念に対し興味を持ち、様々な電磁波を「心理的に」防御する一連の「プラシーボ」(偽薬)としてのアース付きテーブルなどの家具などをデザインした。一般市民の家庭に1ヶ月貸し出した後、利用者の心理の変化をインタビューすることで、電子機器と自身の生活について再考する機会を与えたのである。このように、クリティカルデザインは「テクノロジー」と「社会」と「人間」の関係性を美術館で「美術作品」として見せるのではなく、あえて「デザイン」として発表することで議論を誘発する。

● オルタナティブな未来

また、ダンに師事した福原志保とゲオアグ・トレメルによるBiopresence(http://www.biopresence.com/)の活動は、バイオテクノロジーの発展と共に浮かび上がってきた倫理的課題を我々に突き付ける。写真の木が「自分の家族のDNAが組み込まれた木」であるならば、我々はどのように生きる墓とつきあうことになるだろうか？　安全性の科学的根拠が未だ議論の対象とされている遺伝子

Biopresence: ヒトの遺伝子が混じったりんごの木で、故人を偲ぶこととは
[© Shiho Fukuhara and Georg Tremmel]

◎

組み換え作物が「すでに」流通している現在、福原とトレメルは植物のDNAを人間のDNAと組み替えたリンゴの木をつくる提案をしたり、サントリーが遺伝子組み換えによってつくり出した青いカーネーションをDIYでクローン栽培する方法を公開したりしてきた。最近では台所でもできるDNAハックに着目し、岩崎秀雄と共に馬肉からDNAを抽出して鹿せんべいに塗り、「馬♥鹿せんべい」をつくるワークショップを行ったりと、生命と倫理、遺伝子情報と経済などに関わる課題をユーモラスにかつ分かりやすい形でデザインしてきた。「遺伝子組み換えはキッチンで誰もができること」や「遺伝子組み換え作物の意味」を知り、その是非や可能性について議論を促すことで、テクノロジーによって成立する今日の社会を再考する契機をつくりだしているのである。

このように、オルタナティブな未来の社会像を描くクリティカルデザインは、従来の工業デザインのように「豊かな生活を実現するための役立つ実用品」である必要はない。我々は「ものがたり」の実現可能性をサイエンス・フィクションに求めたことがあるだろうか。ダンは小説や映画と同様、デザインもまた未来の社会像を描くためのツールとして機能することを指摘する。そのためにダンは「懐疑の保留」(Suspension of Disbelief)による柔軟な思考を奨励し、未来の「ものがたり」(What if Scenario)を信じるに足るデザインの創出に重きをおいている。つまり、クリティカルデザインとは、「もしも今日最先端のテクノロジーが日常的に利用される社会になった時、我々はどのように生きるのか」を議論の対象とし、オープンエンドな問題提起や批評に終始せず、オルタナティブな未来の社会像を一般市民と共有することにその目的がある。この目的をより十全に果たすべく、ダンは2011年頃からクリティカルデザインをスペキュラティブデザイン(推論的デザイン)とアップデートし、より柔軟に未来の社会像を描くための「問いとしてのデザイン」に焦点をあてている。「単なる皮肉」として、あるいは「美術作品」として誤ってその目的が認識されないよう、注意深く「テクノロジー」と「社会」と「人間」の間を設計しようとしているのだ。

未来を「ものがたり」として提示する

「社会」と「テクノロジー」と「人間」の間をデザインを通して「問う」こととは、姿形だけではなく制度設計も対象としなければならない。この意味において、スペキュラティブデザインは「アーキテクト」の存在の重要性を明確にする。そのうえで、我々がテクノロジーによって成立する今日の社会と密実な関係を維持するために、あえてオルタナティブな未来の社会の「ものがたり」をデザインすること。つまりデザイナーの今日的役割とは、ユーザーとテクノロジーの間、ユーザーと社会の間、テクノロジーと社会の間を取り持ち、オルタナティブな未来の社会の可能態のひとつを「ものがたり」として提示し、議論を促すことにもある、といえないだろうか。

注1 ⟫ NPO法人ドリフターズ・インターナショナルとArts&Lawの共同主催によるシンポジウム。ドリフターズインターナショナルは、都市の隠れた回路を探り出す「漂流」というアイデアに刺激を受け、中村茜、金森香、藤原徹平の3人の理事が設立したNPO法人。建築・パフォーマンス・ファッション・アートなど様々なジャンルから流れてくる、エネルギッシュな表現の出会いの場を作り出していくことを目的としている。Arts and Lawは2004年に設立された、文化活動への支援を行う弁護士を中心とした専門家の集団。作家やクリエイター、企画者などのアートマネジメントの現場を対象に、法的支援のインフラを提供する非営利活動を行う

イノベーションとは何か
――領域横断の戦略

久下玄／ストラテジスト／デザイナー／エンジニア

1-9
Hajime Kuge
Strategist
Designer
Engineer

産業の転換期が促す新領域デザイン

私たちの暮らしはここ数年間で様変わりした。大きなきっかけは情報環境の変化である。スマートフォンやソーシャル系ウェブサービスがコミュニケーションを根本から変えた。オンラインでの対話や感情の共有をスムーズに行う一方で、オフラインコミュニケーションの長所も多くの人が理解し、器用に使い分けるようにすらなった。情報は高速で共有され、ウェブ発、一夜で有名になる人も少なくない。ウェブ上で知り合った友人という関係も珍しくなくなった。広告やエンターテイメントのかたちも大きく変わった。成熟したEコマースインフラは我々の購買行動や物流基盤を大きく変えた。

このように人々の暮らしのベースが高速で変化している今日は「産業の転換期」であり、変化を強いられた多くの企業が、新しい文化と産業の新領域を切り開くイノベーションを渇望している。

そのような変化を求める企業をデザインで支援す

るのが私の仕事だ。

私が代表を務めるtsug（ツグ）という会社は、企業の事業戦略と革新型製品のR&D（研究開発、Research & Development）に特化したデザインスタジオである。プロダクトからインターフェース、アプリケーション、ビジネスモデルまで、デザインする対象は広範囲にわたる。クライアント企業も電機メーカーや車メーカーからIT企業まで大小様々。企業のエグゼクティブと共にビジネスの上流で取り組む仕事も多い。近年手がけたプロジェクトのうち数多くを占めるのが、何らかのテクノロジーを核とし、破壊的イノベーションを目標とした「新領域の事業デザイン」である。ロジカルな領域とフィジカルな領域、デジタル領域とアナログ領域、クリエイティブとエンジニアリングを行き来しながら、戦略的なインテグレーションデザイン（統合型デザイン）を行っている。

デザインとは、何かしらの見えない「おもい」を目に見える「かたち」にすることだ。我々が暮らす社会では思考や運動の媒介として、「かたち」を必要とする。物質的な立体物から、電子画面のなかのものまで様々な「かたち」がある。デザイナーは緻密に「かたち」を仕立て上げ、社会を形づくっていく仕事だ。

文化や産業の転換期では人々の抱く「おもい」が大きく変化するため、時代にあったやり方で「かたち」をつくれる新領域のデザイナーが求められることとなる。手仕事から大量生産へ移行の時代には工業デザイナーが登場し、電化製品の振る舞いが複雑になり始めた頃にはインタラクションデザイナーが登場した。新領域のデザイナーは、初めは「変わり者」扱いだが、時代の需要から出現しているため、すぐに領域として定着する。近年では、Connected Products（ネットワークにつながった製品）と絡んだライフスタイルの増加から、ITからビジネスまで広範囲の専門知識を用いて統合した

tsugという社名は、
今の時代においてデザインという職能が担うべき様々な役割から来ている

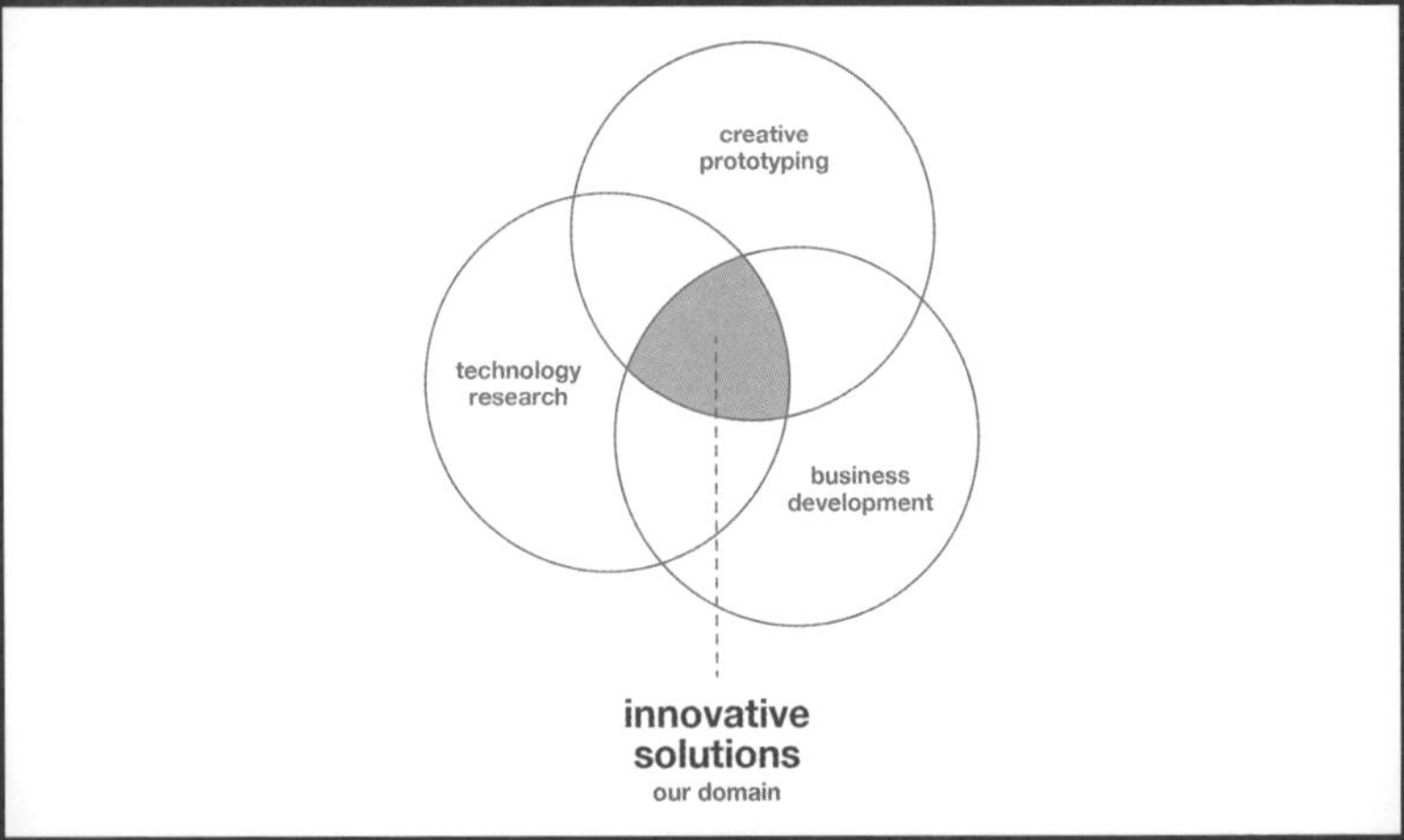

tsugのコンセプト。事業開発、技術研究、クリエイティブ試作を同時に行いながら
イノベーションを目指しデザインするのがtsugのスタイル

プロダクト開発を手がけるインテグレーションデザイナーの需要が高まって来ている。

越境へのチャレンジ

転換期は人々に活動の変革を意識させ、自らの活動領域の再定義を試みる多くの越境者たちを出現させる。

私も越境者の一人だ。家電メーカーの工業デザイナーだった頃に「いい製品をつくるためには外観だけでなく、構造からソフトウェア、ビジネスモデルにも積極的にデザイナーが関わる必要があるのではないか。」という考えに至り、手がける領域を拡げるためにスピンアウトという越境をした。結果、様々な分野にまたがりデザインをするようになった。そして2012年、ベンチャーへの参画という更なる越境を経験する。

コイニー（Coiney）は日本のベンチャー企業だ。小規模事業者向けに「スマートフォンでのクレジットカード決済」というソリューションを提供する、立ち上がってまだ間もない、いわゆるスタートアップベンチャーである。私はこのスタートアップベンチャーの創業メンバーとして、参画している。

独立系デザイナーの仕事のほとんどがウェブ業界でいうところの「受託開発」である。デザイナーというと能動的に新しいものを常に生み出せるようなイメージを持たれているが、実状はなかなかそううまくはいかない。受け身の仕事スタイルなので、斬新なものがつくれるかどうかは依頼者に寄るところが大きい。

「受託開発」に対して「自社サービス」という、自らが事業者主体となり理想の事業を展開して行くスタイルがある。デザイナーがその職能の本領を発揮できるのは、事業者の一員として「自社サービス」の立ち上げから携わることだろうと考えていた矢先、縁があり、その機会に恵まれた。

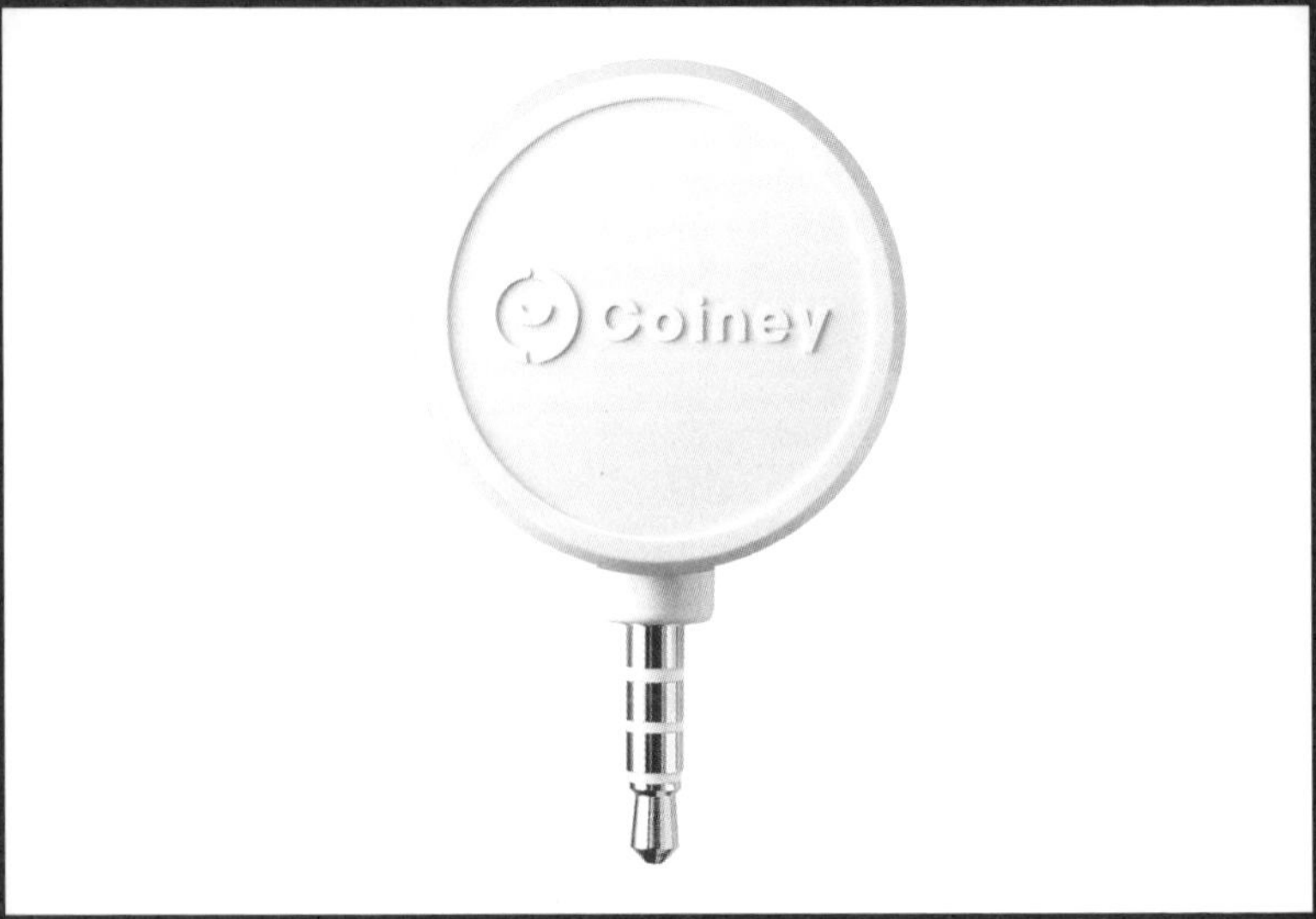

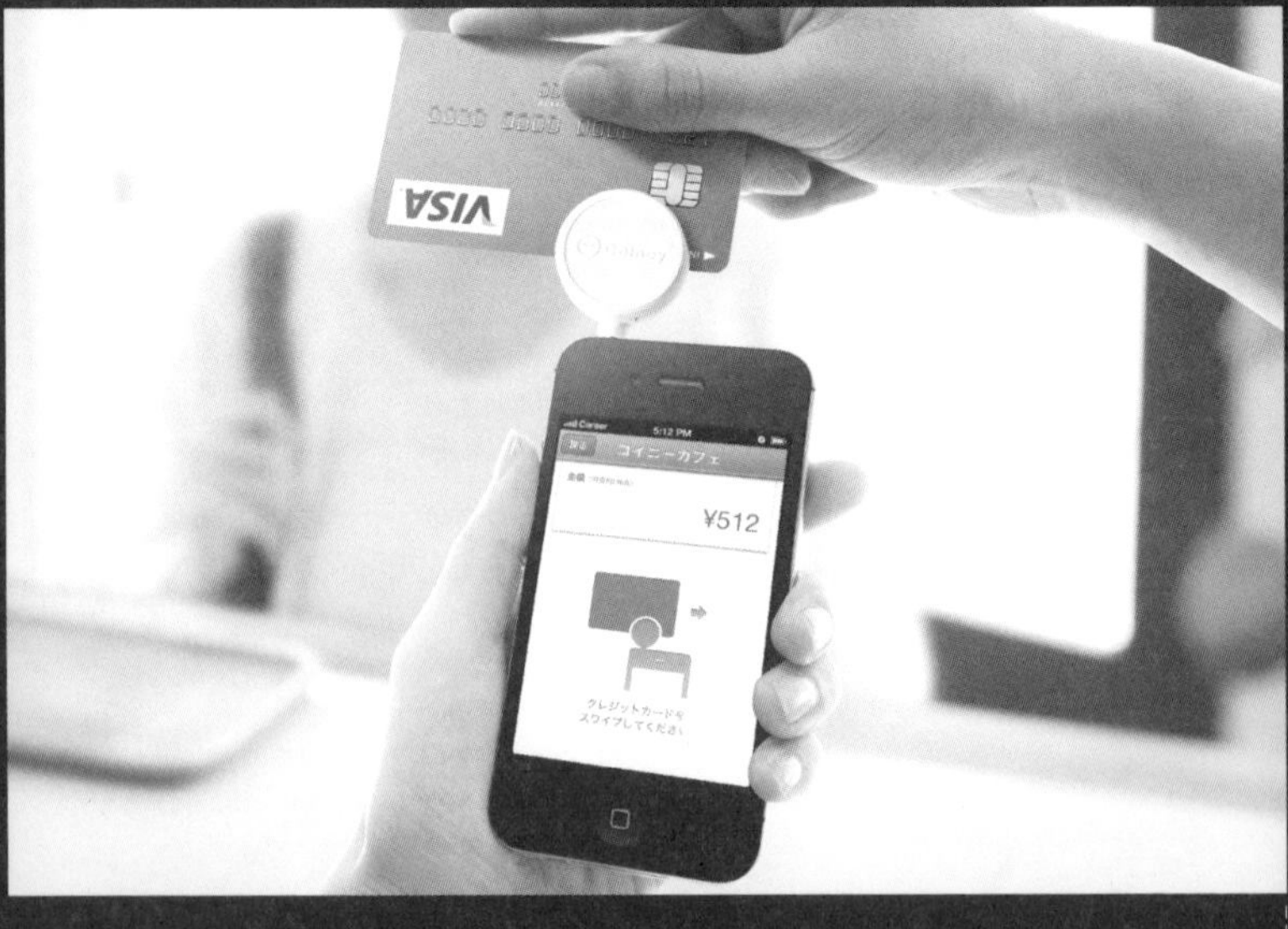

Coiney, Inc.〈Coiney Reader〉
スマートフォンのイヤホンジャックに装着することでクレジットカードによる決済が受けられるようになるデバイス。
ハードウェアエンジニアリングから外観スタイリング、アプリケーションプログラミングまで統合的にデザインされている

◎

コイニーの創業メンバー構成はユニークだ。IT決済会社出身女性CEOの佐俣、ナショナルクライアント系広告を手がけていたデザイナーの松本、元NASAのソフトウェアエンジニアAsikin。全員が個として社会と渡り合えるだけの実力を持つ、その界隈ではかなり名の知れた人物たちである。このチームの中で、私はハードウェアとアプリのデザインエンジニアリングを中心に、「プロダクトストラテジスト」としてサービス構築のための広範囲な業務を担当している。

◎

カードリーダーはユーザーに親しみを持って使ってもらいたい、というメンバーの「おもい」と、アイコンをつくるという戦略の上、デザインした。

◎

越境者集団が未来をつくる

コイニーは自社開発のアプリケーションとハードウェアを用いて、決済サービスを提供する。サービスの核となるカードリーダーも自ら設計製造している。ウェブサービスの会社でもあり、金融の会社でもあり、モノづくりの会社でもあるのだ。そしてCEO含む全員がデザインに対する高いリテラシーを持つ。まさに今の時代感を体現した越境者の集団である。

◎

コイニーのような、異分野のスペシャリストたちが集まった集団はこれからさらに増えていくだろう。それらの周辺には今までとは違った、複数の専門的スキルを持った「領域横断型」のデザイナーが数多く現れるはずだ。

この移り変わりのなかで、どのように自らの領域を拡張し、越境し、社会に有益なデザインをして行くか。多くのデザイナーが悩み続ける一方で、領域横断型デザイナーは増加し続け、新たな事業分野を多く生み出す。その動きは社会に健全な新陳代謝と前向きな空気をもたらすに違いない。

neurowear、脳波ヘッドフォン“mico”
mico(ミコ)は、使用者の脳波を感知して好みの音楽をリコメンドする次世代型ヘッドフォン。
アメリカのテキサス州オースティンで開催されている世界最大の音楽コンベンションSXSWにて発表。
世界中のメディアに取り上げられ、多くの注目を集めた。本体デザインとエンジニアリングはtsug、
連動するiPhoneアプリケーションは徳井直生氏が代表を務めるQosmoが実装した［撮影：Michinori Aoki］

誰のものでもない、コレクティブデザイン

太刀川英輔／デザインアーキテクト
Eisuke Tachikawa Design Architect

1-10

思考の触媒

人が何かに強い創造力を感じる時には、複雑な原因と単純な結果の間に思わぬ結びつきが生まれている。一度混ざってしまった絵の具は、エントロピーに従って、二度と元の色に戻ることはないが、自然現象でも思考でも、複雑な状況は複雑な結果を生み出すのが常である。一方で優れたアイデアは、このエントロピーを逆流する。まるで同じ炭素原子がグラファイトからダイヤモンドに組み変わるように、課題の背景にある見えない関係性をひも解き、より小さくて強い関係に再構築することを通して、美しくて思考の強度のあるデザインができ上がることがある。

◎

僕は究極的には、デザイナーはこのような化学変化を生む思考の触媒だと思っている。触媒として機能できるデザイナーの資質は、特定の専門に属する人というより、多分野に広い見地を持ち、専門性を複数の範囲で持ちながら、全体観のなかで解決に必要な最小の方法を発見できる眼を持って

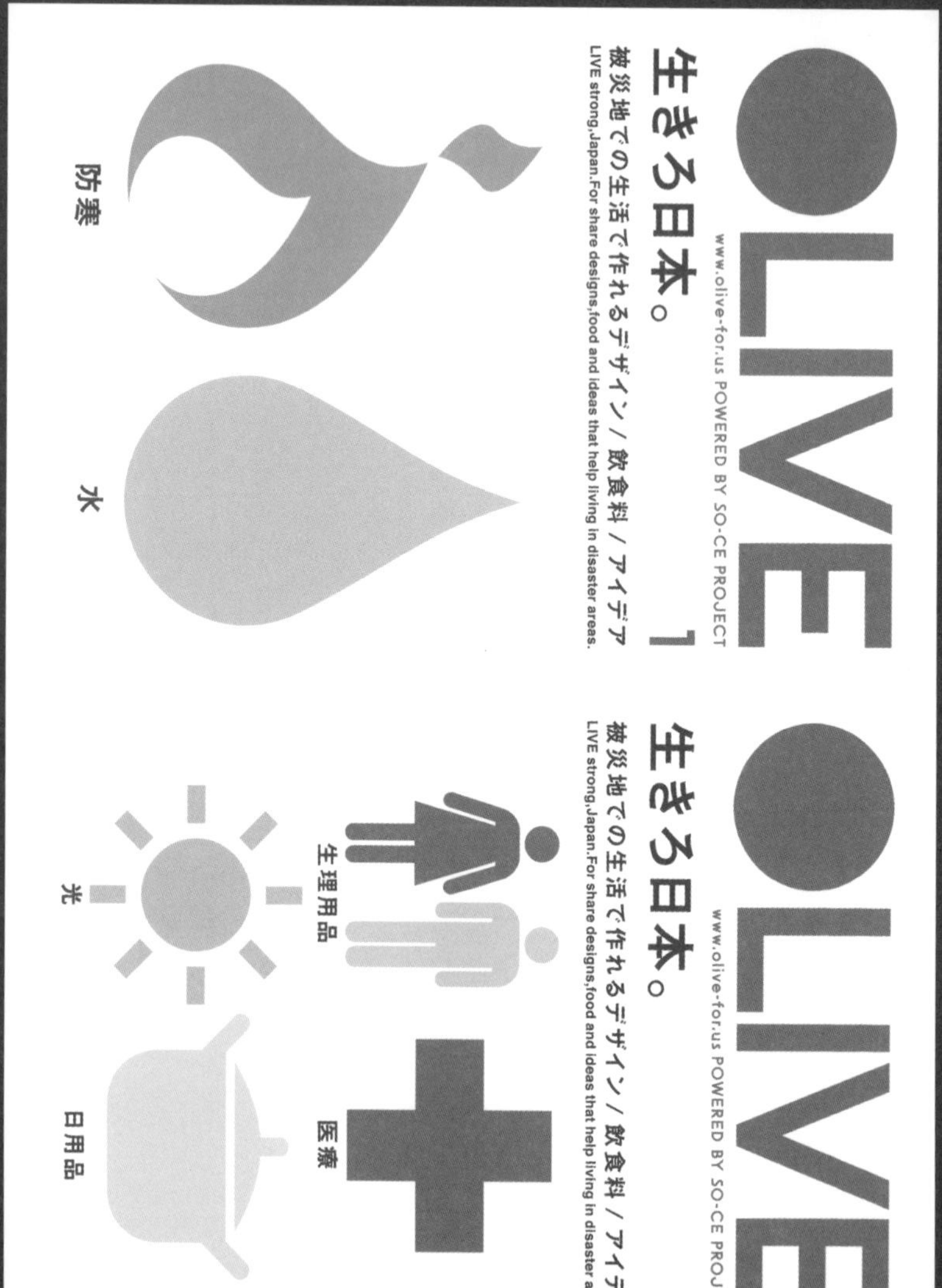
OLIVE
www.olive-for.us POWERED BY SO-CE PROJECT
1
生きる日本。
被災地での生活で作れるデザイン / 飲食料 / アイデア
LIVE strong,Japan.For share designs,food and ideas that help living in disaster areas.
防寒
水
OLIVE
www.olive-for.us POWERED BY SO-CE PROJECT
1
生きる日本。
被災地での生活で作れるデザイン / 飲食料 / アイデア
LIVE strong,Japan.For share designs,food and ideas that help living in disaster areas.
生理用品
医療
光
日用品

OLIVE PAPER。wikiサイトに集まったデザイン・アイデアを紙面にまとめ、被災地にて配布した

いることだろう。建築家とは本来そのような人ではなかったか。ある限られた課題において思考のエントロピーを逆流できる方法は、そう多く見つかるわけではない。その僅かな方法を、同じ状況を共有する世界中の発明家が探すのだから、優れたアイデアであればあるほど、アイデアが誰かと重なってしまうことは当然だ。僕個人の見解だが、個性的なアイデアをつくることよりも遥かに、誰もが発見したいと願うようなアイデアを誰よりも早く発見する方が魅力的だと思っている。それらはデザイナーの名前や個性などを通り越して、ほとんど必然に近い。

アノニマスの不都合

大学院を卒業したばかりの頃、世に名前も出ていなかった僕は、もしこのまま名前を名乗らなければどうなるのか、試してみたくなった。そうして僕はNOSIGNERとして、名前を名乗らず、領域を横断して活動するデザイナーを目指すことにした。この匿名での活動は2007年から2011年3月11日まで続くことになる。

実際に4年ほど匿名でデザイン活動を続けてみると、アノニマスであることの不都合にも気づいていった。特に思い当たる点は2つあった。ひとつは名前を隠す行為そのものが名前化すること。もうひとつは、集団で取り組むのが難しくなることだ。前者はどこにでもあるアノニマス批判を自身の体験で実感しただけのことだから、別段語ることもない。しかし、後者の問題点は現代においてひじょうに重要なことである。

現代ではインターネットによる情報の質の変化で、情報の粒度がどんどん細かくなっている。同時に個人の創造への関わり方も細分化されている。ある人が動画をつくり、別の人が音楽をつくり、また別の人がイラストを描いて映像化する

オリーブオイルランプ。オリーブオイル・水・タコ糸・割り箸でつくることができる、煤がでないランプ

ような対話と協業が、世界中のあらゆる場所で起こっている。この創造性の細分化と集合化には、デザインも無縁ではない。機能するデザイナーの質が、領域の多様性と統合的な思考なのだとしたら、それは個人が成せることであると同時に、充分な対話を持てる専門家集団にも同じことが言えるはずである。遅かれ早かれデザインは、集団内の対話の方法論が発展していくことで、集合化していく。コレクティブデザイン（集合知的デザイン）である。それは匿名のまま超えられない課題のように思えた。またこれは同時に、個人を表象するアルチザンとしてのデザイナーに伸し掛かる問題でもある。

OLIVE OPEN SOURCE PRODUCTの実践

オープンソースソフトウェアでは、世界中の専門家が協業してひとつのプロジェクトを高い精度で完成させている。他の創造においても成立している方法は、デザインでも成立するはずだと思い立ち、OPEN SOURCE PRODUCTという概念を提唱し始めたのもNOSIGNERとして活動を始めた2007年頃だった。春雨や卵の殻を素材としたランプをつくって作り方を公開し、どのような反響があるのか実験していた。今となって思えば現在のFabLab［注1］の隆盛など、当時僕以外にも多くの人がオープンソースによるデザインの可能性を同時に考えていたのではないだろうか。そして2009年頃からプロダクトデザインの作り方が集まるレシピサイトのようなウェブをつくろうと動き始め、エンジニアを集めて、実際にサイト構築を進めていた。しかしデザインクオリティへの拘りや、資金の不足、プロボノによるチームのモチベーション不足などの課題が解決できず、思い立ってからしばらくの間、思うようにサイトを立

◎

ち上げられずにいた。

そして２０１１年3月11日がやってきた。突然の揺れとともに、東日本を大災害が襲った。東京にいた僕らはすぐにツイッターを通じて、寒さから身を守る方法などの災害時に必要な情報を発信し始めた。1時間もしないうちに、このような試みを始めたのが自分たちだけではなく、日本中にいるのだと知った。それらは美しくなくとも、明らかに必要なデザインだった。これらのデザインが集まる場所を早急につくらなければ、被災者に情報が伝わる前に消えてしまうだろう。今こそOPEN SOURCE PRODUCTの概念を応用して、これらのデザインを集約する時だった。そして僕は名前を名乗り、震災から40時間後にＯＬＩＶＥというウェブサイトを立ち上げた。このウェブはチームに大変恵まれ、1週間で１００個ほどのデザインが集まり、4ヶ国語に翻訳され、その月の間に１００万ＰＶを超えるデータベースに成長し、厚生省・新聞・ＴＶ・自治体・支援団体・ウェブを通して被災地各所に情報が拡散された。

● コレクティブとアノニマス

ＯＬＩＶＥに集まったデザインは、自分自身のＩＤや個人名を入れてもらうことにしていたが、全体はすでに匿名以外の何物でもなかった。僕たちがＯＬＩＶＥで提示したのは、答えではなく問いだった。その問いに答えて下さった多くの人との協業のなかで、いつしかそのプロジェクトは、誰のものでもなく、コレクティブデザインになった。それは、僕にはアノニマスデザインの未来を体験させてもらった機会だったように思う。

注1)))) FabLab——個人の自由なものづくりを可能にするための実験的工房。3Dプリンタやカッティングマシンなど多様な工作機械を備えている。世界中に存在し、市民が自由に利用できる事が特徴。大量生産・規模の経済といった市場原理に 制約され、今までつくり出されなかったものがつくり出されている。ファブラボは、個人が、自らの必要性や欲求に応じて、そうした「もの」を自分(たち)自身でつくり出せるようになるような社会をビジョンとして掲げている。

提唱と実践をしている。思索からうまれる形は世界で特許登録され、数々の製品として世に出つつある

1-5｜石井すみ子［いしい すみこ］
1975年福岡県生まれ。工芸デザイナー。立命館大学文学部日本文学専攻卒業。インテリアデザイン事務所を経て安田勝美建築研究所に在籍。2002年結婚を機に京都府京丹波町に暮らし始める。2009年ギャラリー白田、石井すみ子暮らしのデザイン室開設。日本各地のギャラリー、百貨店にて展示会を開催。2012年韓国 yido galleryにて展示会

1-6｜柳原照弘［やなぎはら てるひろ］
1976年香川県生まれ。デザイナー。「デザインする状況をデザインする」という考えのもと、国やジャンルの境界を越えたプロジェクトを多数手がける。2011年より、京都北山を拠点に、「新たな創出の場」として[bespoke]をオープン、世界との接点を生み出すべく企画を展開している。DESIGNEASTディレクター

1-7｜西澤明洋［にしざわ あきひろ］
1976年滋賀県生まれ。ブランディングデザイナー。（株）エイトブランディングデザイン代表。企業のブランド開発、商品開発、店舗開発などを手掛け、幅広いジャンルでのデザイン活動を行っている。著書に『ブランドをデザインする！』（単著）、『ブランドのはじめかた』『ブランドのそだてかた』（共著）
http://www.8brandingdesign.com/

1-8｜水野大二郎［みずの だいじろう］
1979年東京都生まれ。デザイン研究者。高校卒業と同時に渡英。2008年英国王立芸術学院（Royal College of Art）ファッションデザイン博士課程後期修了、芸術博士（ファッションデザイン）。2012年より慶応義塾大学環境情報学部専任講師。現在、社会とデザインを架橋する多様な実践的研究に従事している
www.daijirom.com

1-9｜久下玄［くげ はじめ］
1981年神奈川県生まれ。ストラテジスト/デザイナー/エンジニア。家電メーカーのプロダクトデザイナーを経て、統合型デザイン会社のtsug（ツグ）創業。国内外様々な分野の企業をクライアントとして製品開発や事業開発、戦略立案に携わる。デザインとエンジニアリングを統合したアプローチで、ハードウェアからアプリケーションまで手がける。近作にneurowearの脳波ヘッドフォン〈mico（ミコ）〉等。加えて、2012年よりスマートフォン決済サービス〈Coiney〉の創業に参画。プロダクトストラテジストとしてハードウェア開発を中心にサービスデザイン全般を担当
tsug.co.jp

1-10｜太刀川英輔［たちかわ えいすけ］
1981年神奈川県生まれ。デザインアーキテクト。慶應義塾大学大学院在学中の2006年にNOSIGNERを創業。社会に機能するデザインの創出（デザインの機能化）と、デザイン発想を体系化し普及させること（デザインの構造化）を目標として活動し、多くの国際賞を受賞。災害時に役立つデザインを共有する「OLIVE PROJECT」代表

1-1 | 川崎和男 [かわさき かずお]

1949年福井県生まれ。デザインディレクター。大阪大学大学院工学研究科特任教授。博士(医学)。大阪大学名誉教授、名古屋市立大学名誉教授、多摩美術大学客員教授、金沢工業大学客員教授、一般公共ネットワーク機構理事。「危機管理デザイン賞」総合審査委員長。伝統工芸品からメガネ、コンピュータ、ロボット、原子力エネルギー、人工臓器、先端医療、海事戦略、軍備警備デザインまで幅広くデザイン活動を行う

1-2 | 阿部雅世 [あべ まさよ]

1962年東京都生まれ。デザイナー。法政大学工学部建築学科卒業。ICFF Editor's Award 2000、A&W Mentor Award 2006等の国際デザイン賞受賞。デザイン研究所MasayoAve creationを主宰するかたわら、欧州各国の芸術大学で客員教授を歴任。世界各地で子どもやプロを対象としたデザインワークショップを開催し、子どものためのデザイン教育プログラムづくりに携わっている。著書に原研哉との対談集『なぜデザインなのか。』、訳書に『ブルーノ・ムナーリ かたちの不思議』シリーズ「正方形」「三角形」「円形」等。ベルリン在住

1-3 | 清水久和 [しみず ひさかず]

1964年長崎県生まれ。インダストリアルデザイナー。桑沢デザイン研究所を卒業後、キヤノン(株)を経て2012年S&O DESIGN(株)設立。桑沢デザイン研究所非常勤講師。作品にキヤノン〈IXY Digital〉シリーズ、〈鏡の髪型〉〈FRUITS〉他。ドイツiF賞やグッドデザイン賞を多数受賞している

1-4 | 織咲誠 [おりさき まこと]

1965年埼玉県生まれ。インターデザインアーティスト。マコト・オリサキ インターワークス研究所代表。「モノを減らす方法」「自然力を取り込む知恵」「物質量やコストによらない利」を得るクリエイティブの

まえがき	●	藤村龍至	建築家
プロローグ	●	岡田栄造	デザインディレクター
第1章 Chapter.1	1-1	川崎和男	デザインディレクター
デザイン	1-2	阿部雅世	デザイナー
	1-3	清水久和	インダストリアルデザイナー
	1-4	織咲誠	インターデザインアーティスト
	1-5	石井すみ子	工芸デザイナー
	1-6	柳原照弘	デザイナー
	1-7	西澤明洋	ブランディングデザイナー
	1-8	水野大二郎	デザイン研究者
	1-9	久下玄	ストラテジスト/デザイナー/エンジニア
	1-10	太刀川英輔	デザインアーキテクト
第2章 Chapter.2	2-1	蓑原敬	都市プランナー
建築/都市	2-2	難波和彦	建築家
	2-3	みかんぐみ	建築設計事務所
	2-4	西村浩	建築家
	2-5	貝島桃代	建築家
	2-6	乾久美子	建築家
	2-7	満田衛資	構造家
	2-8	羽鳥達也	建築家
	2-9	家成俊勝	建築家
	2-10	メジロスタジオ	建築設計事務所
第3章 Chapter.3	3-1	大山顕	フォトグラファー/ライター
メディア	3-2	渋谷慶一郎	音楽家
	3-3	松川昌平	建築家
	3-4	猪子寿之	チームラボ代表
	3-5	徳山知永	プログラマー
	3-6	スプツニ子!	アーティスト
		濱野智史	情報環境研究者
	3-7	梅沢和木	美術家
エピローグ	●	東浩紀	思想家/作家
あとがき	●	山崎泰寛	編集者

都市の自生的秩序という幻想

蓑原敬／都市プランナー

Kei Minohara Urban Planner

2-1

●「アノニマス」は多義的だ

「アノニマス」は、工業化時代初頭からの争点だった。ひとつは、従来から職人によって工芸的につくられてきた日常品が、使い勝手やデザインから言って劣悪な工業製品に取って代わられるのを見て、工業化自体にたいする反感を根に持つ主張として現われた。アート・アンド・クラフトの運動は、結局、工業化という大きな流れのなかで短命に終わったように見えるが、実は、工業化過程に深く沈潜した問題として、今に至るまで、根本的な問題提起の起爆剤になっている（池上惇『生活の芸術化』１９９３）。この文脈では、「アノニマス」は、一方で、機械的、非人間的な工業製品の無味無臭の無名性を意味すると共に、他方、日常的、量産品だが人の手の香りがする工芸品的な匿名性という含意を持っている。

◎

欧米の都市計画や建築の領域では、１９６０年代の中頃から、市民の生活感覚とはかけ離れた近代主義的な建築物や住宅団地、再開発プロジェクトなどに対して、社会学者や市民からの強い反発があった。市民民主主義の社会では、これが都市計画や建築の専門家の世界にも直ちに反映していく。一市民に過ぎないジェーン・ジェイコブス、社会学者のハーバート・ガンス、法律家のポール・デヴィッドフなどの発言が、建築家、クリストファー・アレキサンダー、ロバート・ベンチューリ、都市計画学者、デヴィッド・クレーン、ケヴィン・リンチなどの新しい都市計画、都市デザイン論を次々に生み出して行く。ルドフスキーの『建築家なしの建築』(1964)も、この流れに大きな一石を投じた。

◎

大雑把に言うと、都市のクライアントは、都市施設や都市建築物を使い、そこで生活する市民であって、市民の頭にある都市のイメージや望ましい姿を勘案することなく、役所や企業、デザイナーがかってにデザインしてはいけない。ある種の階層的な偏見が組み込まれたデザイン・ルールを強制するべきではない。そのデザインの根拠やデザインに関する合意形成の手続きが問題だから、それを方法論として考えようという議論である。それが西欧社会では、既に都市デザインの基盤的な考え方の一部を形成している。正に「アノニマス」の尊重である。

◎

西欧市民社会のなかでは、都市計画や都市デザインの政治的な正統性が問われ続けるから、都市をつくる手続きの民主主義から言っても、プランナーや建築家の「恣意的な」介入、問答無用の計画者のイメージの押し付けは、政治的、行政的に成立し得ない。

◎

しかし、宮台真司のいう「愚民社会」、市民民主主義が確立されないまま、今日に到っている日本では、この問題が社会的な現象としてまともに取りあげられ、それが政治や行政、専門家集団の行動原則に反映するようにはなっていない。そこで、今、若い、多くのデザイナー、ファシリテーターたちが、「愚民社会」から抜け出す切掛けとして「アノニマス」という言葉を再び取りあげたのではないか、と私は想像する。

●市場経済におけるアノニマスと歴史のなかのアノニマス

しかし、「アノニマス」の問題を議論するうえでは、特に、都市や住まい街づくりの領域、住の世界における市場主義経済のパフォーマンスの現実を仔細に見つめる必要がある。ハイエクが言うように(『隷属への道』1944)、消費者は神様であって、市場は「自生的秩序」をもたらすのだから市場に依存するべきだ、余計な設計主義的な介入は止めた方が良いという主張の是非を再考してみる必要がある。「同じ伝統に属する個人に共有されている伝統に培われた美意識が、家々の並ぶ街並みには自然と滲み出る。」「美しい好ましい、都市景観をつくるためには、むしろ都市計画・デザインを控えること、公共空間を小さくすることと、すなわち、小さな政府が必要といえよう」(小谷清『現代日本の市場主義と設計主義』2004)。「アノニマス」の生み出す自然的な秩序を計画や規制が壊しているという主張は本当に現実を直視したうえでの主張なのかどうか。

詳述する暇はないが、例えば衣の世界では、膨大な数の消費者と生産者が、大量で多様な選択過程がある市場という場で、見事に社会的な要求を充足できている。そこでは、商品に関する膨大な量の情報が流され、消費者と生産者の間の情報の非対象性は極めて小さい。それどころか、最近の渋谷、原宿、秋葉原で起こっているように、商品の選別眼が高くなっているだけでなく、気に入った商品を自ら加工し、自分ブランドをつくり上げる大量の若い女性を生み出し始めている。それに生産システムも柔軟に即応し、結果として、楽しい衣の生活文化が生み出されている。ここは経済学者が考え

ドミノ・マンションの町並み

今井町の町並み

る抽象的な市場という概念が、最もそれに近い形で実際に作動している例と言えるかも知れない。

しかし、住の世界では、こうはいかない。

日本の都市建築規制は、世界先進成熟国のなかでも最も緩い。だから、最も「自生的秩序」が発生しやすい規制のはずだが、実際は、ドミノ・マンション問題（マンションが極めて接近して群生することによる劣悪な居住環境の形成）が明らかにしているように、そうはなっていない。「自生的な秩序」が生まれている例がないわけではない。木造の伝統的な街並みが残っている地方都市では、古き良き街並みを残しながら街を生かしている場合もある。村上（新潟県）や真壁（茨城県）のように住民主導の場合もあれば、小布施（長野県）や三春（福島県）のように自治体主導の場合もある。近代以前の歴史を背負って発展し、今も生きている伝統的な都市空間は確かに心地良い。しかし、空間的な自生的秩序が発生しえたのは、共有されたある種の自然観、素材や技術の安定性、不変性、そして職人集団の強いギルド的規制があって始めて成立した話である。その上、江戸時代以降、身分制と防火的な配慮による厳しい建築制限があり、それが伝統的な街並みの形成を大きく左右していたのを忘れることはできない（『建築学大系15　都市・建築政策』１９８４）。このように安定した素材と技術の体系によって、自生的な秩序を獲得した街や村では、一般の人々の頭のなかでも都市像や田園像が共有されている。だから、その場を愛する市民は、今ある環境を大事にしたいと思うし、他所からくる開発者も、そこから逸脱すること自体が難しい場になっている。ルドフスキーの『建築家なしの建築』の世界は正にそういう世界であった。

だが、これは、鉄、コンクリート、ガラス、プラスチックなどを自由に使い、伝承された技術ではない新しい技術を開発し駆使する建築生産システム、職人のモラルではなく、近代組織の法的秩序、

代官山の町並み

浜田山の町並み

そして資本主義的な競争社会の上に築かれる工業化時代以後の都市に当てはまる話ではない。まして、伝統的に共有されてきた都市像、田園像を否定し、外来の思想と空間像の移植を余儀なくされる開発途上国では、技術的な方向性だけでなく、市民が分け持つ空間像は拡散し、共有される部分は少ない。だから、明治以降の日本の近代的な都市の空間秩序が「自生的」に良くなるはずはないのだ。ここでも、例外がないわけではない。代官山旧山手通りや浜田山駅前の風景は、まさに、このような殆どありえないことが、地主の文化的な意志と優れた建築家の才能が協力して起こりえている奇跡的な例だし、東京の銀座、神戸の居留地で起こっている現象もこれに近い例外中の例外に過ぎない。横浜市などでも、市民の力でこのような空間的な秩序をつくり上げている例、古くは、馬車道、元町などから始まって、最近の黄金町など多くの実例がある。しかし、実際上は、自治体の強い誘導があるから、「自生的」と言い切れるものではない。

そこで、市場重視の立場のもう一方の旗頭として、故森ビル会長森稔氏が登場する。彼の善意や意思を疑い、あげつらう気持ちは毛頭ない。しかし、彼は大資本設計主義者といっても良い立場に立っている（彼のあこがれのル・コルビュジエは明らかに設計主義者である）。ここには、市場が想定している「アノニミティー」はない。

●都市のアノニマスとは何だろう？

「アノニマス」が含蓄する時代的な意味は、こうではないか？

第一に、近代の都市デザインや建築に求められていた、技術革新と創造の二大原理（槇文彦「漂うモダニズム」『新建築』２０１２年９月号）は確かに近代建築

森稔と伊藤滋によるグランドデザインのイメージ
［出典：報告書「国際性・先駆性を有するアジアを代表する都心の創造」、
パンフレット「都心のあたらしい街づくりを考える会 都市構造検討委員会 シンポジウム」
NPO法人都心のあたらしい街づくりを考える都市構造検討委員会作成］

や近代都市の空間形成を導く星だった。しかし、この導きの星は、デザイナーを含め、アノニマスな大量の民衆がその形成、維持、再生過程に参加する、経済社会の成熟、爛熟時代には適合していないのではないか。この原理は近代の設計主義的な世界には有効であっても、衣の世界で示したような市場主義、直接民主主義的な政治過程が浸透し始めている現代とは相容れない原理である。極めて少数の優れた人々が、限られた空間の中では、人々の生活環境デザインを支配しても構わないが、民衆の大部分の住空間、生活空間は、数知れぬデザイナーたちが介入する、もっと多様で矛盾に満ちた原理が支配するべき領域になっているのである。そこでは、日常性の連続を大事にする保守的、伝統的なデザイン、キッチュなデザイン、幻想的な世界に生きる願望を背景にしたテーマパーク的なデザイン、文化的に新鮮なデザイン、成熟洗練されたデザインなど何でもありの世界がある。

◎

正に、「漂うこと」を、許容するべき時代であって、この時代精神の背景が「アノニマス」なのだろう。だから、このような場では、計画とは、散逸していく空間構造を時々刻々に軌道修正しながら共につくり上げていく過程そのものを指すことになるのではないか。そのことをT・ジーバーツは正確に指摘している(T・ジーバーツ、蓑原敬監訳『都市田園計画の展望「間にある都市」の思想』2006)。

他方、そのような漂流に不安を感じ、より確固とした生活スタイル、生活空間を求める強い要求が出始めている。これは文明的な潮流と言っても良いかもしれない(渡辺京二『なぜいま人類史か』2011、セルジュ・ラトウッシュ『〝成長なき〟社会発展は可能か?』2012)。「アノニマス」をポジティブに考える思考の背景には、近代が破壊しつくしてきている、信頼が置ける人間共同体の再構築という強い願望がある。その共同体の存在を仮定して、自生的な秩序が生まれれば良いがという期待がある。IT

技術を背景として、一方で地球的な広がりの共同体を考える普遍主義から、直接的な対面性による人格的な信頼に基づく狭い空間での地縁性共同体の再生に至るまで、様々なレベルでの共同体の復権に向けた動きがある(Robert Hopkins, *Transition Initiative*, 2008)グローバル化した現代技術文明を背景とし、僅かに共同体の幻想を繋ぎとめてきた国民国家の弱体化を受けて、どのようなガバナンスの体系を再構築するのか、新しい文明のステージへの移行期に入っているのかも知れない。その時、出発点は、「アノニマス」な個人と小集団なのではないか?

前景から背景へのデザイン

——箱の家の試み

難波和彦／建築家

Kazuhiko Namba Architect

2-2

●建築は作品なのか

第一次大戦後の1920年代に勃興したモダニズムデザイン運動は、アノニマスなデザインを指向していた。モダニズムの建築家たちは、労働者大衆のための機能的な住宅を、工業生産化を通じて大量に建設しようとした。とりわけドイツの建築家たちは、科学的な方法を用いて、機能主義的でザッハリッヒ（即物的でストレート）なデザインを展開した。モダニズムの思想は、建築や住宅だけでなく、工業製品（プロダクト）にも浸透していた。したがって、モダニズムにおいては、デザインとは本来的にアノニマスなデザインだった。しかしながら、同時にそこには、モダニズムの建築家たちの優れた創造力が注ぎ込まれていた。個人的な創造力によってアノニマスなデザインを生み出すこと。これがモダニズムデザイン思想の宿命的な両義性だったといって良い。

一般に、建築について論じる際には、建築そのものが注目され、それが生み出された過去の条件や

◎

歴史的経緯、あるいはそれが使用され、生き続けていく未来の時間的な変化は捨象される。つまり、建築がひとつの結果的な表現、すなわち「作品」として議論されるのである。ある高名な建築家は、それを「プロセスの切断」と呼んでいる。建築が自立したジャンルである以上、それは当然かもしれない。しかし、この当然と考えられている前提に対して、僕は微かな疑問を抱いている。建築を作品と見なすことは、建築を前景に立たせることである。しかし、作品として前景に立つことが、果たして建築の本質だろうか。僕には、どうもそうとは思えないのである。

●時間をかけて効いてくる建築の体験

建築は、完成した時点が終点ではない。完成時には前景として注目を浴びるかもしれないが、それは一時的な効果でしかない。建築は時間をかけてボディーブローのように人々の体験に影響を与え、風化と熟成を通じて、その場所に根づいていく。建築が人々に影響を与えるのは、毎日の生活を通して少しずつ身体化され、風景の一部となることによってである。

◎

ワルター・ベンヤミンは『複製技術時代の芸術』において、絵画や彫刻のような19世紀以前の芸術作品と、20世紀に誕生した映画や写真のような大衆的な芸術作品を比較するなかで、後者を建築になぞらえている。19世紀以前の芸術作品は、その前に立ち、意識をそばだてながら、じっくりと注視することによって鑑賞される。これに対して、映画や写真は、受動的で散漫な意識によって、無意識的・触覚的に享受される。それは建築の体験の仕方と同じであるとベンヤミンは主張している。ベンヤミンの主張にしたがうなら、建築に関する通常の議論は、注視の論理によってなされている

◎

といってよい。しかし、建築の本来のはたらきは、時間をかけた受動的で無意識的な体験にあるのではないか。建築の本質は、当初、前景にあったデザインが、徐々に背景に退いていく点にあるのではないか。この構図は、モダニズムのデザインがめざしたアノニマス性に似ている。

前景から背景への変容

とはいえ、完成した時点では、建築が何らかのメッセージを発していなければならないこともたしかである。でなければ、建築と人々との間に対話が発生しないだろう。最初から人々の意識を喚起しないようなありふれたデザインは、存在しないのと同じである。したがって、完成時には対話を喚起しながら、長期的には身体化されていくような建築、つまり、前景から背景へとゆるやかに変容していくような建築が最も理想的だろう。では、そのような建築とはどのようなものだろうか。理想的な背景は「何もない空間」だろう。しかしながら、それでは対話は発生しない。前景となるには、対話を喚起するような、何らかの建築的要素が必要である。眼を引き止めるような、微かに特異なデザイン。アノニマスではあっても、コンテクストから外れたデザイン。しかも、その表現は最小限に止められねばならない。それを実行したのがミースである。

第2次大戦後に、モダニズム・デザインは「天才のデザイン」に対峙されて「ビューロクラシーのデザイン」と呼ばれた。ビューロクラシーのデザインとは、チームによるデザインである（民主的なデザインといってもよい）。しかしチームのデザインは、アノニマスであっても、対話を喚起しないステレオタイプなデザインしか生み出さなかった。1960年代になると、ヴァナキュラーなデザインが注目を引くようになる。アノニマスでありな

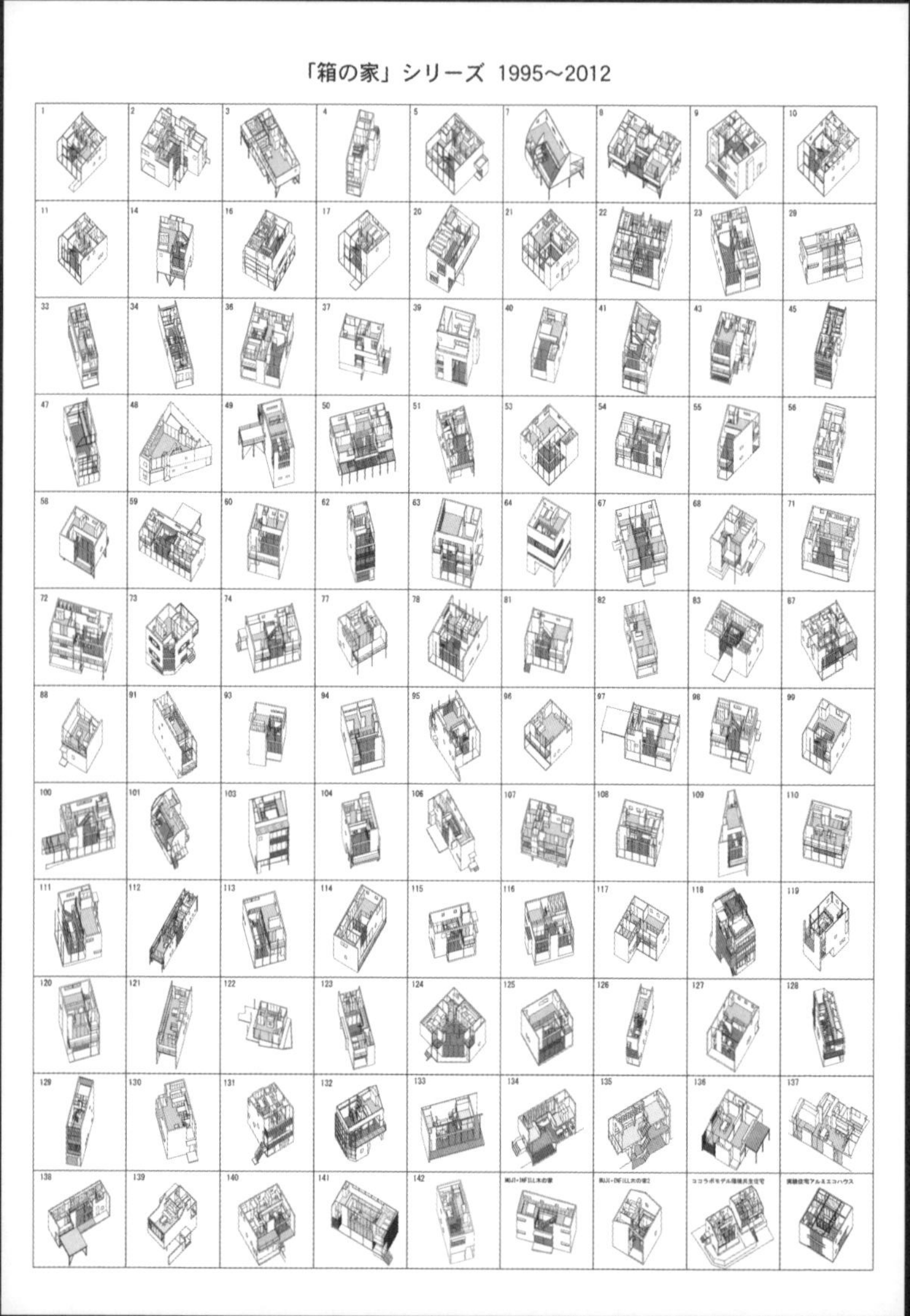

「箱の家」とは、標準化された構法、自然のエネルギーの活用、一室空間的な住居、箱型のデザイン、という4つのコンセプトによって展開してきた住宅のシリーズである。2013年までに150戸が建てられている

がら、時間をかけて完成されたデザイン。それがヴァナキュラーなデザインである。

それは、英雄主義的になった1960年代のモダンデザインに対する批評として出現した。この潮流は、文化人類学的な視点と都市社会学的な視点がない交ぜになった視点から生まれたといってよい。しかし、それは使用者にとっては、時間をかけて背景となった優れたデザインであっても、建築家にとっては見慣れない物珍しい前景だった。つまり、ヴァナキュラーなデザインにおいては、モダンデザインの両義性が完全に逆転していた。それがポストモダンデザインの形態主義を生み出したのである。

過剰になりうるもの

このように、アノニマスデザインは、時代の変遷に対応して、絶えず前景と背景を往還する。それは、ル・コルビュジエが『建築をめざして』のなかでいった「もの見ない眼」のようなものである。つまり、それは対象の特性というよりも、それを観る建築家の眼の中に潜在するカント的な図式なのである。

かくして、アノニマスデザインという課題に対する僕なりの回答は、通常よりも要素が削減され、表現性が抑えられたデザインとなる。僕の建築には、過剰な表現が入り込む余地はない。過剰になりうるのは建築ではなく、そこで展開される人々の活動であり生活である。しかし、建築家は建築を通してしか、人々に働きかけることはできない、それは建築家の直接的な守備範囲の外にある。したがって僕としては、デザインしうるものに関しては徹底して論理的に対処し、デザインしえぬものに関しては沈黙すべきだと考える。それを表現の欠落と見るのは、視覚的な表層だけに囚われた皮相な解釈といわざるを得ない。

非作家性の時代に［再録］

みかんぐみ［加茂紀和子＋熊倉洋介＋曽我部昌史＋竹内昌義＋マニュエル・タルディッツ］／建築設計事務所

MIKAN Architects 2-3

今回（1998年当時）同時に発表する2つの住宅は、みかんぐみが手がけた最初の住宅である。私たちは5人のパートナーの共働で設計を行っており、住宅の場合もそのやりかたは基本的に変わらない。敷地調査から基本設計をまとめるあたりまでを、全員で議論しながら設計を進めている。

●普通であること

共働で設計を行っているうちに、次第に5人に共通する、ある指向性がはっきりしてきた。それは一言でいえば普通の感覚で住宅をつくりたいという気持ちである。住宅を設計するに当たって、今までにない新しい提案を行うとか、個性的なかたちを用いるとかの、なにかしらのユニークネスがなければ建築家としての存在意義がないという風には、私たちには思えないのだ。逆にユニークネスが先鋭化したところのエキセントリックな作家性に違和感を感じてしまう。だから住宅に作家性が表れることを注意深く避け、あらかじめ脱色された作品をつくろうと考えている。

作家性、つまり建築家としての過剰な表現が前面に現れないようにデザインすることがみかんぐみとしての共通した指向性であり、それが普通の感覚でつくるということなのだ。そしてそのための具体的な方法として私たちが採っているのが「パラメータの豊富化」である。

◎

パラメータの豊富化

たったひとつの家族のための住宅とはいえ、これをとりまく今日の状況はかなり複雑で、設計者が考慮すべき問題は多種多様である。住宅に求められる機能性、社会性、経済性、あるいは施主の個人性などから割り出される雑多な条件の一つひとつを設計におけるパラメータと呼ぶとすると、私たちの理想とするやり方は設計のプロセスで取り扱うパラメータを豊富化することである。できるだけ多くのパラメータを拾い上げ、それらに優先順位をつけずに極力等価に扱おうと考えている。たとえば今回の2つの住宅設計で扱われたパラメータのうち、配置計画に関するものだけでも「街並み」「隣家」「プライバシー」「採光」「通風」「騒音」「眺望」「敷地の勾配」「積雪」「建物の見え方」「樹木」「樹種」「盆栽」「アプローチ」「駐車場」「アウトドア料理」「物置」「配管」「足場」「設備機器」「ソーラーパネル」「地盤」といった具合に挙げることができ、これらが同等な重みを持って設計に組み込まれる。

◎

ただし、たくさんのパラメータを等価に取り扱うとはいえ、それらを無秩序に並立させたり、あるいは意識的に「豊富なこと」をプレゼンテーションしようとも思わない。私たちにとって大切なのはそのようにパラメータを扱うというプロセスであり、結果的にそうした意図が可視化されているかいないかにはこだわらない。それよりもなるべくさりげない印象を持つように、全体を統合するこ

〈大町の住宅〉別荘地に建つこの住宅は周辺への配慮のため、敷地奥の斜面に地下が埋められている。1階は2つの趣味室と大きな居間がZ字に配置され、その上をおおらかに屋根がかけられた。様々な活動に合わせ、大きくも小さくも使える平面形となっている

〈相模原の住宅〉両親と子ども夫婦の2世帯住宅である。南北に長い敷地の中央に中庭をとり、その突き当たりからアプローチする。そこから西側に親世帯、南側に上がる階段をあがり、子世帯のスペースとなる。中庭を囲みながら互いの気配を感じることのできる住宅である

とができればいいと思っている。

◎

クライアント

住まい手の人となりを把握するため、設計のスタート時点でスタッフを含めた全員が施主との顔合わせを行う。そして初期の施主との打合せのなかで彼らの要望を出してもらうが、その際には設計者というよりはインタビュアーに徹してとにかく話を聞く。

機能的な要求から漠然としたイメージまでできるだけたくさんの施主の考え方を聞きだした後、個々の要望を他の前提条件とともにパラメータとして設計に取り入れる。また、ある程度基本構想案が固まった段階で施主を含めたディスカッションをする場合もある。それは施主の抱いているイメージと私たちの考え方との距離を測るためであり、施主の要望をできるだけ正確にパラメータ化したいからである。

◎

複雑さの受容

施主へのインタビューとかパラメータの豊富化という言葉から、ユーザーフレンドリーな親切設計を目指しているように思われるかも知れない。たしかにユーザーとしてのクライアントの要求もパラメータのわけだから必然的に親切設計になる。だが、私たちの意図は別のところにある。

本誌(『住宅特集』)97年12月号の編集後記のMT氏による「『親切設計』の名を借りた安直な妥協を続ければ、角を矯めて牛を殺すことにもなりかねない」という危惧、そして「何をやりたかったのかがダイレクトに伝わってくる」ことや「コンセプトをいかに実現していくか」を重視する価値観は、今の私たちには理解はできるがどうも馴染めない。絞り込んだ条件を切れ味のいいコンセプトで一刀両断するような問題解決のしかたは明快な建築を生む。戦後の住宅建築史を振り返ってみればそうした分かりやすい作品がきら星のように並んでいる。しかしこれだけ複雑さを増した現代社会においてそのような単純明快な方法で問題が片づくとは私たちには思えない。この複雑な時代を生きる私たちがとる道は、複雑さをそのまま受け入れ、そのなかでバランスを失わないようにものごとを判断していくことだと思う。私たちにとってパラメータを豊富化することは、そうすることで複雑な時代を肯定的に受け入れ、この時代にふさわしい設計方法を模索することにつながっている。

さらに言えばひとつの住宅を取り巻く状況は時間とともにどんどん変化していくわけで、パラメータを増やすことはできあがった建物にそれが設計された時代を色濃く反映させることにもなる。

● 分かりにくさとダイナミズム

われわれが普段雑誌で目にする建築には前出のMT氏が絶賛するヘルツォーク&ド・ムーロンばりにコンセプトも明々白々なキャッチーな作品が少なくない。ところが、みかんぐみの住宅は、たとえば見学会に訪れた知り合いの建築家たちなどから、「何がやりたいのか不明」、「プランが外観に表れていない」といった批判を受けることになる。端的に言えば私たちの設計した住宅は「分かりにくい」のだと思う。目立った表現を持たず、問題を単純化せず、それでいて「豊富さ」をアピールするのでもないから、そうした批判は出て当然と言える。私たちにとってそんな意識的な分かりにくさは自然で身近な存在なのである。

一方で、私たちが5人で設計をしていると、基本的な方向性は共通しているとはいえ、様々な局面で個人個人のブレが表れてくる。この個人差がデザインを展開させるエネルギーのもと、みたいな感じで、それがなければグループで活動する意味がないと思う。そうした個人差によるブレが設計をどのような展開に持ち込んで行くのかは誰も分からない。かなりくねくねとしたプロセスを経ながらエスキースは進んで行く。こうした予測不能なプロセスから生じる分かりにくさというものがみかんぐみの設計のダイナミズムだと思う。

◎

非作家性の時代の方法論をさがして

過剰な表現を抑制することも、パラメータを豊富化することも、住宅に作家性という自我を持ち込みたくないというひとつの根から発している。さらに言えば、私たちが5人のイーブンパートナーシップで設計を行っているのも、個人の自我の表出よりも視野の拡張の可能性の方を重視しているからに他ならない。逆に言えば私たちは現代において作家性を表明することにうまくリアリティーを持てないのだ。

世代論にしてしまいたくはないが、作家性を否定したり、あるいは重視しない建築家の一群が若い世代に現れて来つつあるように感じる。昨年（1997年）東京で開かれた30代の建築家の会議＆エキジビション（30×100architects展）にみかんぐみも参加させてもらったが、このエキジビションを見た上の世代のある建築家が「どれも同じように見える」と感想を述べたという。たしかに個性的であるよりは同時代的であろうとする姿勢が少なからず表れていたように思う。

◎

今日の建築の状況を非作家性の時代と呼ぶべきかどうかは異論のあるところだろう。でも少なくとも今回の2つの住宅の設計を通して私たちがしてきたことは、非作家性の時代の方法論を探すことだったと思っている。

［初出：『住宅特集』1998年3月号、新建築社］

土木と建築のあいだ

西村浩/建築家
Hiroshi Nishimura Architect
2-4

土木における匿名性

僕はちょっと変わり者らしい。実は、大学時代は土木工学科に進学し、土木分野、特に橋梁の景観やデザインを学んだ。もう20数年前のことだ。その頃は、本四架橋や東京湾横断道路といった「1兆円プロジェクト」と呼ばれた巨大プロジェクトが計画中で、当時は橋梁が土木の世界での〝花形〟だった。まさに〝地図に残る仕事〟に魅せられて土木に進んだわけだが、現実は僕が思い描いていたデザインの世界とは少し違っていた。まず、当時の土木にはデザインという概念がほとんどなかった。終戦直後に早く大量に土木インフラを復旧するためにつくられた「標準設計」というものがあり、それに従って図面を描くことが設計という行為の基本だった。その上、設計者の名は明かされず、著作権は発注者にある世界だ。実際にはどこかの土木コンサルタントが設計を担当しているはずだが、東京湾アクアラインや明石海峡大橋の設計者を知る人はほとんどいないだろう。土木の世界は今でも匿名性の強い業界なのだ。

◎

ただ、戦前は違った。隅田川に今でも数多く残る震災復興橋梁が良い例だ。太田圓三、田中豊といった、海外の技術や意匠を学んだ日本のエンジニアが、当時最先端の橋梁技術を用いてデザインした、ある意味作家性の強い橋梁群だ。戦争という出来事は、土木の世界のモノづくりのあり方を大きく変えた。今でこそ、景観・デザインに向かう思考の必要性がようやく認知されるようになったものの、僕が学生当時は大学でのデザイン教育がようやく始まったばかり、ましてや実際の社会にはデザインを指向する雰囲気は皆無だった。そんな状況で、景観・デザインに興味を持って土木に籍を置いた僕は、当然〝変わり者〟だった。ただ、この文化に接したことが、今でも僕のモノづくりの原点にある。

一方的な作家性に対する違和感

当時の僕には〝デザインという概念がないモノづくりの世界〟を受け止める想像力は無かった。学部を卒業後、そのまま大学院の土木工学専攻に進学したが、この2年間はお隣の建築学科に入り浸りだった。土木の大学院生でありながら、建築学科の学部の講義をほとんど受講し、土木工学科には無かった設計演習にも参加した。そして、大学院修了後、建築設計事務所に入所し、一旦、土木からほぼ完全に離れることになる。その設計事務所は、建築家・谷口吉生氏の事務所から独立された方が設立した事務所で、そこでの経験は、非作家的・匿名性が支配的な土木とは極端に正反対のものだった。元々、そういう土木の常識が嫌で建築の世界に足を踏み入れたわけだから、とても充実した時間を過ごしたように思う。そして約5年半

建築的なディテールで構成された長崎水辺の森公園橋梁群

後、独立した。当然、建築設計事務所としてであり、今改めて思い返してみれば作家的な建築を指向する自分がいた。

◎

そんなある時、大学の恩師から「君は土木出身なんだから、土木のデザインもやりなさい」とのお言葉を頂き、長崎水辺の森公園にかかる6つの小さな歩道橋のデザインに関わることになった。土木におけるデザインを変えるいい機会だと思った。出来上がった橋は、構法からディテールに至るまで、〝極めて建築的で十分に作家的、〝標準設計〟が主流の土木のなかで、今でも良くできた橋だと自分では思っている。ただ、完成後現地に足を運ぶ度に、どこか腑に落ちない気持ちが残った。それは、ユーザーである〝市民の不在〟だ。

◎

建築と違って、土木の空間には与条件としての敷地はあっても、その境界は実にボーダレスだ。明確な敷地境界があり設計から完成に向かって、内へ内へと向かうベクトルを持つ建築に対して、土木の場合はそのベクトルが外へと向かう。外へと向かうベクトルの延長上には都市があり、そこには当然市民が暮らしている。結局のところ、土木のモノづくりは市民の暮らしを支えることが目的であり、モノそのものは手段にすぎないのだ。

◎

長崎のプロジェクトでは、建設プロセスに主役であるはずの市民が不在だったことが、どこか余所余所しい雰囲気というか、モノと人の距離感を生み出しているように感じている自分がいた。一方的に、サプライサイドの論理だけでモノを生み出す違和感がここにはあった。皮肉にも、一度は離れた土木の世界に、モノづくりの原点を教えられた瞬間だった。

● 時間と距離 ——波及力を持った建築へ

だからこそ、僕は作家性というものを否定しない。

まちの再生を見据えた建築・岩見沢複合駅舎［撮影：小川重雄］

駅を起点に活動を続ける「いわみざわ駅まる。」

建築の先に、都市や市民の生活を見据えていれば、当然、遠い未来の価値への想像力が必要だ。建築家・内藤廣氏はこのことを〝遠投力〟と呼ぶ。時間の流れのなかで、遠投力のある建築に込められた価値は、現在の価値とは大きく異なるわけで、それが作家的な建築として現出するのは悪いことではない。社会の状況が大きく変わる現代では、なおさらのことだ。ただ単に、建築家という個人の分身のような表現を纏った建築を作家的と呼ぶのであれば、それは大きな勘違いだ。

◎

肝心なのは作家的な建築の、街への落とし込み方だ。現在に生きる市民の価値観と、遠い未来を見据えた遠投力のある建築に込められた価値には、大きな距離があって当たり前である。建築が街に落とし込まれる瞬間に、この距離をいかに近づけられるかが、その後の建築の生き方を決めると僕は思う。

◎

２００９年に竣工した北海道の岩見沢複合駅舎は、土木と建築、そして都市を行き来してきた僕自身の作家性そのものだと思っている。その作家性は、建築に込められた遠投力であり、市民との距離を近づけるプロセスにある。岩見沢複合駅舎は、これからの街再生を見据えた建築である。街再生のステップを着実に実行していくのは、建築家ではなく、あくまでも市民である。建築という存在が、長い時を要する街再生の起点になるには、より多くの市民にこのスタートラインに並んでもらうことが大切だった。刻印レンガを全国から募集して駅の壁面をつくりあげるプロジェクト「らぶりっく!!いわみざわ」や、これまでお世話になってきたプレファブの仮駅舎に感謝するプロジェクト「ありがとう!仮駅舎」は、まさに街再生に向かうスタートラインだった。僕ら建築家はあくまでもお手伝いで、多くの市民が自ら参加し完遂したプロジェクトだ。ここで結集した市民たちは、駅完成から数年が過ぎた今でも、雪だるま式に仲間を増

◎

やしながら、この駅を自由な発想で使い倒し、次なる街再生へと歩みを進め続けている。そして、遠い未来の価値を背負った建築は、既に身近な存在として市民の日常に溶け込みつつあるように思う。

◎

未来に向かって遠投力が必要なデザインそのものは、ほぼ僕らに任せていただいた。これは、建設過程での市民参加型プロジェクトを通じて、僕ら建築家が、市民の方々に一定の信頼をいただけた結果だと感じている。

建築に流れる「時間」とユーザーである市民との「距離」。ここに、遠投力によって現れる作家性が、市民の日常をより豊かにする〝アノニマスデザイン〟へと昇華するヒントがあると、僕は思う。

まちづくりを動かす言葉

貝島桃代／建築家

Momoyo Kaijima
Architect

2-5

きっかけは筑波大学のキャンパスリニューアル

藤村　貝島さんがまちづくりに携わり始めた経緯を教えて頂けますか。

貝島　地域に関わった原点といえる経験は、野菜の販売所である「田園に佇むキオスク」（1992、くまもとアートポリス1等）を施工するために、熊本に1週間ほど滞在した事です。町のバスロータリーの目の前に、熊本大学の桂英昭研究室や小国町森林組合の人たちと毎日泥だらけになって建築をつくった経験は貴重でした。

その後1996年に「メイド・イン・トーキョー」（東京の特質を現す建築物を観察・採集したフィールドワーク）を始め、2001年に書籍化し、筑波大学で教える事になりました。大学ではキャンパスリニューアル計画WGの委員になり、キャンパスの中央を走るペデストリアンデッキ沿いに、学生の拠点となる場を整備するプロジェクトを担当しま

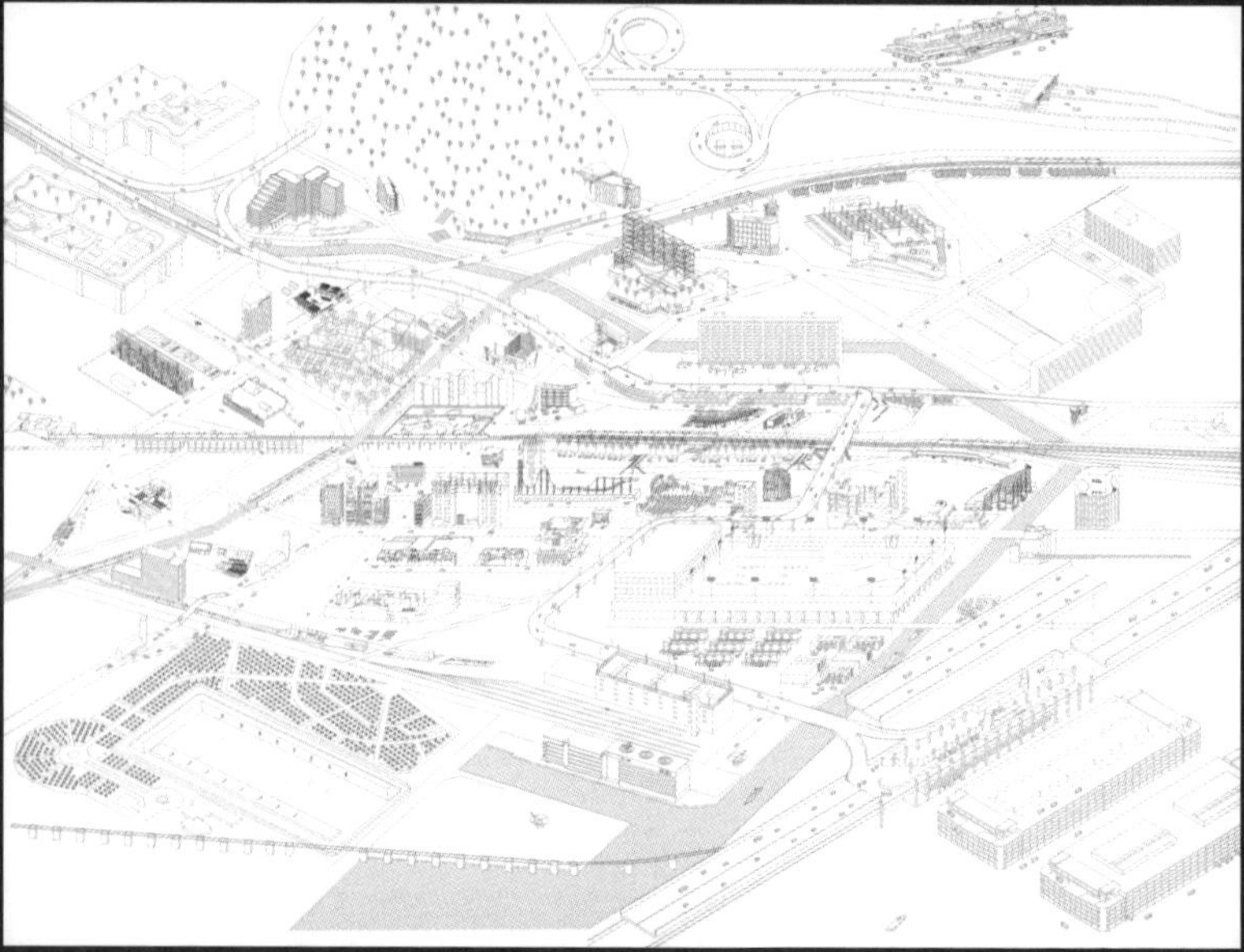

メイド・イン・トーキョー

リサーチで明らかになった水戸の空間診断地図

した。教員と職員、学生でチームを組み、メンバーと問題を共有し、プロジェクトを進めていく枠組みをデザインする事の重要さと、協働の難しさ、そして可能性を学びましたね。

◎

2005年からは、これらを「アートデザインプロデュース」という授業としました。さらに、総合大学の強みを生かせるように、全学から受講できる大きな教育プログラムのなかに再定義したうえで、学生ごとにゴールを決めて、キャンパス改修に問題意識を持って参加できる仕組みを整備しました。その授業のなかで、学生は学び合いや教え合いをとおして各々の学問的な専門性を意識していきました。

●「人を登場させない」リサーチ

藤村　学外のプロジェクトとの連続性はあるのでしょうか。

貝島　その間、「カフェ・イン・水戸」（2004、水戸美術館の企画展）で、空洞化する水戸市のリサーチ「まちの空間診断調査」を実施し、空き家を「植物の家」という作品として学生の手で改修しました。ただ、調査を始めた時、生活する人の日常や場を簡単に表現するわけにはいかないことが分かったんです。街には人々のプライドや歴史、深い思い入れがある。そのような難しさも理解できたプロジェクトだと感じています。

山崎　人間に出会うという意味で、転機になったんでしょうか。

貝島　「メイド・イン・トーキョー」では建物として記述する事に軽やかさがある。でも、もっと深く見ていくと様々な実践やしがらみが入ってきます。もちろん人間は存在しているんだけど、観察と想像力に重きを置いて、登場人物は出さなかったわけです。

藤村　五十嵐太郎さんはあの頃、もっと背景のリサーチをした方がいいとおっしゃられていましたね。

貝島　五十嵐さんは歴史家なので、その状態の理由、つまり「なぜ」の部分が重要なんだと思いますが、私たちは「なぜ」を形態から検討するわけですね。研究室で指導を受けていた坂本一成先生の影響でしょうけど、形から理解する観察眼というか、「建築を語ることで都市を語れないか」に関心があったんだと思います。だから、使い方は示しても人物は出さなかった。

藤村　「メイド・イン・トーキョー」は人を出さずに読み込むプロジェクトで、筑波大の活動は人が関わるけれども、教育プログラムのようなある種の制度のなかにあった。水戸は実際の都市の政治的な状況や理屈に直面すれども、介入はせずに診断をするような立場だったわけですね。

貝島　そうですね。水戸は対象こそ地域でしたが、本当のまちづくりに関われる立場ではありませんでした。

◎

徐々にまちづくりへ介入

貝島　研究室が本格的にまちに介入し始めたのは、おゆみ野のプロジェクト（2002、菜の花里美発見展、千葉市）からで、その後、「ホワイトリムジン屋台」（2003、越後妻有アートトリエンナーレ）に続きます。「屋台」は展覧会の会期中毎週末町内のお祭りに屋台を引っ張っていって、学生が屋台を開く。町に関わる事の効果を感じましたね。

そのなかで始まったのが「金沢いきいきプロジェクト」です。現地に常駐するプロジェクト・マネージャーを置いたのはここが初めてで、東京工業大学の塚本研究室と金沢工大と一緒に2つの調査を実施しました。それが「ひと調査」と「まち調査」です。水戸で断念した人間の調査にもう一度挑戦したかったし、場所と人の関係を結び付ける方法にも関心がありました。そしてこれを「いきいき（lively）」という言葉で表現し、場所と人のマッチングを試みたんです。

◎ 私たちの調査によると、町家が空き家になる理由は2つ。まず、居住者の子供世代が家を出て、車を買って生活をし始める事。駐車場がない町家には戻れず、親世代が住まなくなれば空き家になります。また町家の維持に手がかかる事。核家族や高齢者だけではとても無理で、運営組織が必要です。

◎ そこで、翌年、金沢21世紀美術館の企画のなかで、町家をゲストハウスに改修し、維持管理を行う組織を同時に立ち上げる提案をしました。ゲストハウスが完成した2008年の後に始まったのが、埼玉県北本市のまちづくりです。

● 行政のプロジェクトへ

藤村　北本市では初期から市民とワークショップを繰り返されていたんですか。

貝島　北本市では、住民参加によって、JR北本駅西口の駅前広場の改修を検討する事が決まっていました。私たちの提案は4つです。

◎ まず、市役所にプロジェクトの専属スタッフ、つまりまちづくりのためのプロジェクト・マネージャーを置く事。合意形成にあたって大学が外部から関わるだけでは限界があったからです。次に、月に2回のプロジェクト会議を開く事と、そこに学生が参加する事。大学生は地元の高校生と大人をつなぐ年代ですし、自由な意見が言える立場にあり、プロジェクトに流動的な状況をもたらします。

◎ 新たな試みでは、失敗を恐れず、試しながら修正することが必要です。大学には専門的な知識や実践が期待されている面がありますが、失敗から学んで次の一手を考える知的体力も持っています。社会実験を繰り返すなかで、新たな試みを確実な枠組みに育てていきたいと考えました。

◎ 最後の提案は、広場をつくる事ではなく、広場を考える事を通して、まちづくりや公共空間に関す

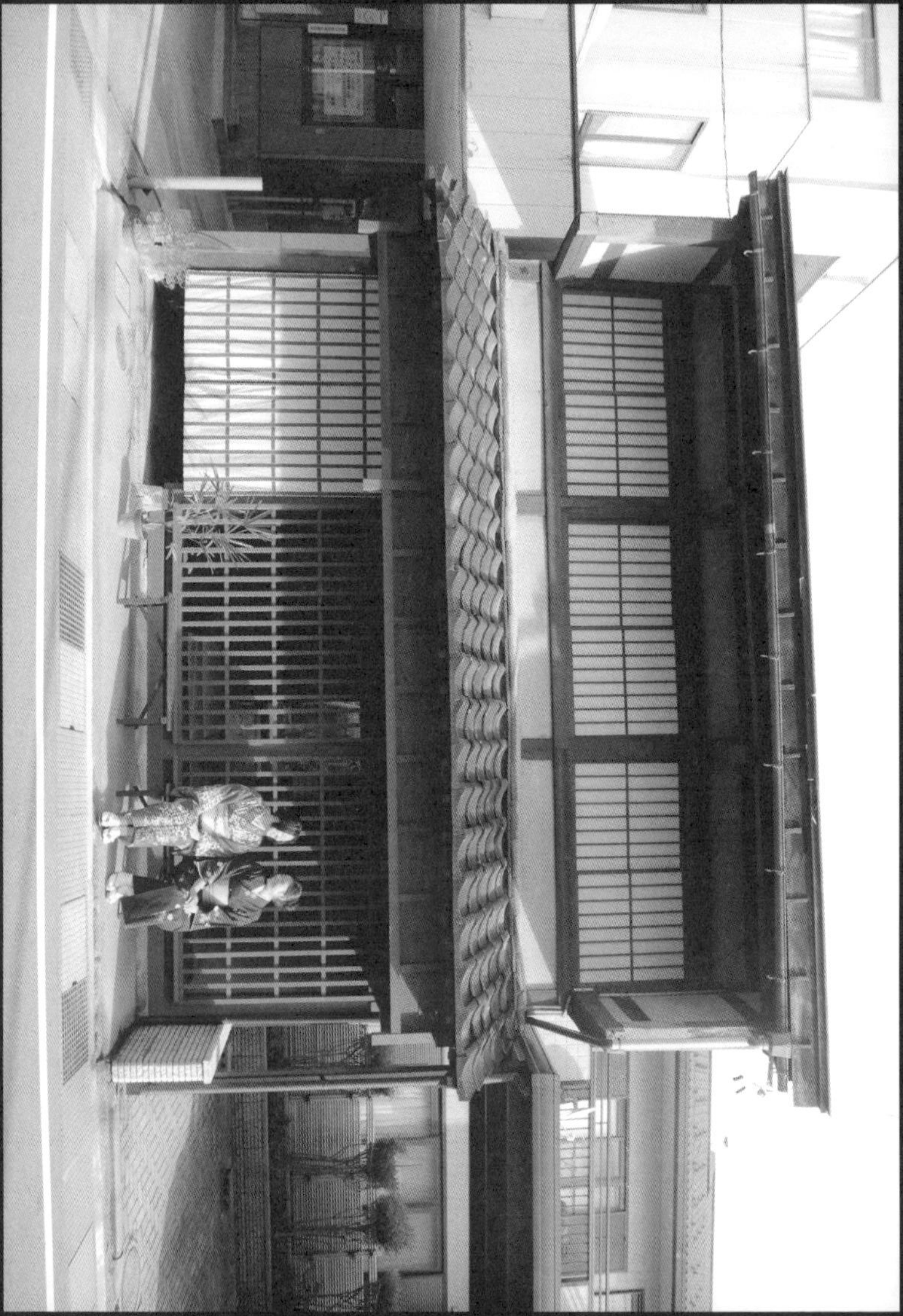

金沢のゲストハウス

るリテラシーが高まる事を目的にする事です。

山崎 実際にはどのように合意を得られたのでしょうか。

貝島 まず行政ときちんと合意形成を得る事です。例えば、市民と大学の話し合いの最後の方で、広場に雑木林をつくる案が出てきました。これは緑が多い市の特徴を表していたし、市は雑木林の保存も進めていましたので、一定の理解は得られました。しかし、落ち葉の世話や野鳥(ムクドリ)を心配する声もありましたので、樹木の本数を検討し、ムクドリの生態を調べ、雑木林のメンテナンスにかかる事業費を試算しました。市役所と議論を重ねるうちに本数や位置も具体的になり、理解を共有すべき住民の顔も明確になってきました。その結果、市の職員が自らの言葉で住民や市議に熱心に説明してくださるようになったんです。

◎ これで分かったのは、最終的な説得にはやはり言葉が必要だという事です。議会も、人と人の関係も、言葉で進められていく。言葉の論理性は効果的だし、また、空から降ってきたような根拠では市民の心に届かない。誰もが心の隅に感じていた事が言語化される事で、初めて納得してくれます。私たちはその言葉を、形を通じて考えているんです。

◎ 北本市はもともと農村地なので、古くからの住民と新興住宅地の住民が混在していますが、観光100万人都市を掲げて選挙に臨んだ現在の市長は、両者が隣り合っている状況を市の特徴だと考えている。北本のような場所は、日常生活が観光資源になる。北本から地域内観光、デイリーツーリズムといった観光スタイルが生まれる事が分かってきました。

● 言葉と建築

藤村 すると北本のプロジェクトはアトリエ・ワンのリサーチや筑波以降の貝島研の活動から連続してみても、集大成的な位置にあるわけですね。

北本駅前広場でのイベント風景

北本でのまちづくりワークショップ｜まちのリズムを育てる会議

貝島　まだ終わっていません（笑）。広場の設計と並行して、まちづくりキャラバンという組織を3年前に設立し、2012年度は市民を中心に4人のスタッフが動いています。これを最終的には市民活動を束ね、プロデュースするチームにしたい。

藤村　そういった組織づくりは今後北本以外でも試みていくのでしょうか。

貝島　2006年から関わっている茨城県大子町のプロジェクト（筑波大の蓮見孝先生［現札幌市立大学長］と協働）では、高齢化社会のなかで、人的交流を生んだり住民が住み続ける状況をつくろうと試みています。大子町は人口2万人で高齢化率38％という、日本の未来的状況にあります。まず観光名所である袋田の滝の周辺環境整備を提案して、特産物を販売する屋台を、地域の生産団体、商業団体と協力してつくりました。さらに販売方法を考える屋台研究会を立ち上げて、現在は大子町をPRする活動となっています。

藤村　プロジェクトと建築作品との関係はいかがでしょうか。建築家としてどう関わるかというところは悩ましいところではありませんか。

貝島　建物はつくっていませんが、建築やまちという視点からのアドバイスはできます。たとえば、書籍をつくるのも建築活動のひとつですよね。「メイド・イン・トーキョー」からそうですが、建築を見る力や読む力、語る力によって、建築の持っている知性をいろいろな形で社会的に位置づける事に、自分も格闘して、関わりたいんです。そこで起こった何かを次の世代や時代に伝えていきたい。今、ここで起きている事をみんなが理解し、共有できる事として語るための枠組みをつくる事に関心があります。

藤村　枠組みというのは北本での「言葉」と近い意味でしょうか。

貝島　どのような位置づけなのかを理解するためには枠組みが必要ですし、その枠組みの性質を語るには

牡鹿半島でのリサーチ

言葉が必要です。研究室もアトリエ・ワンも、言葉や枠組みを共有して実践していくためにはいい存在ですよね。私自身、塚本由晴とパートナーシップを組んで仕事を始めることで、考えたことを誰かと確認できるようになりましたね。考えが違っていればそれを武器にして、むしろ言葉を介してより深い理解の着地点を探る。そのことが、建築の意味も深めてくれると思うんです。

山崎　同じ対象について違う言葉で話す事で理解が膨らみ、見え方も変わると。

貝島　こうした見方は坂本先生のもとで学びました。誰かと話す事で、その人の考え方の内容や背景を考えて、自分の価値観を修正したり広げていく。それを、設計やものづくりの場である大学研究室という学びの組織のなかで、徹底的に経験できたんですね。

◎

今は社会的な枠組みや問題を探るには不透明な時代で、閉塞感があると言われます。でもその閉塞感は社会がつくりだしてきた檻ですから、社会自身で変化させる事もできるはずです。そのためには、積極的に議論して修正して行く必要がある。そうしないと、新しい、誰もがわくわくするような出来事は起きないと思います。

山崎　北本でも「まちを育てる会議」とか、能動的でドライブしやすいネーミングをしていらっしゃいますね。

貝島　腹を割って、集中して会議をすると想像し得なかった事が起きるんですよ。市民との会議でもシナリオは一応つくりますが、その通りには行かず、いつも驚かされます。会議ではいろいろな方がいきいきと思いを語られるので、こちらも気づきが多い。そういった場はどのように生まれるか、そのための空間や時間をデザインする事も建築といえるのではないでしょうか。最近、会議やワークショップで出たアイデアを学生にその場でドローイングしてもらっているんですが、とても有効に働いています。

●牡鹿半島での展開

藤村 一連の活動は、今後どのように展開するのでしょうか。

貝島 私たちは北本で、土木と建築という言語の異なるジャンルが協働するイメージをつくってきましたし、行政との対話を深いレベルで経験してきました。それに、ワークショップの方法も模索してきました。ですから、「アーキエイド」（東日本大震災における建築家の復興支援ネットワーク）で牡鹿半島の浜の復興支援が企画された時も、こうした経験が震災の地で役立つのであればと参加しました。

◎

複数の浜で同時にプロジェクトが進むので、問題意識を共有できるように、月一度の勉強会を立ち上げ、議論のプラットフォームをつくるお手伝いもしてきました。スピード感が求められているなか、行政的手法や土木的技術を浜の暮らしとすりあわせる。30ある浜それぞれに異なる問題があるし、半島としての一体的なあり方も求められていると思います。

◎

まちづくりは終わりがなく、継続のなかでこそ、見えてくる問題も増えます。そうした時間を含めた計画や建築を考えていくには、仲間との連携が必要です。

［2012年10月2日、アトリエ・ワンにて。

初出：2012年12月、ART and ARCHITECTURE REVIEW］

新しい公共のための器

——JR延岡駅舎の整備プロジェクト

乾久美子／建築家
Kumiko Inui Architect

2-6

市民と対話していくことが多いと思うが、延岡のそれは少し別の方向を向いている。山崎さんが標榜するのは「形の話をしない」というやり方だからだ。ワークショップでは「形に関する意見を言うのはやめましょう」という基本姿勢が毎回のように確認され、これから生まれる建築を使って「何をしたいのか」、そして実際にその活動を「自分が行うつもりがあるのか」ということだけに市民の意識が集中するようにファシリテーションされる。

では、デザイン監修者の立場にある筆者が何をす

◎

大多数の市民が納得する「形」の模索

延岡駅周辺整備は市民参加を大きな柱のひとつとしたプロジェクトである。市民にとってプロジェクトの窓口となるのは市民ワークショップで、コミュニティデザインの専門家であるstudio-Lの山崎亮さんが担当している。建物の設計に係る市民ワークショップは一般的に設計の合意形成のために開催され、プランや什器などの「形」を通して

第2章 都市/建築 Chapter.2 Architecture/City

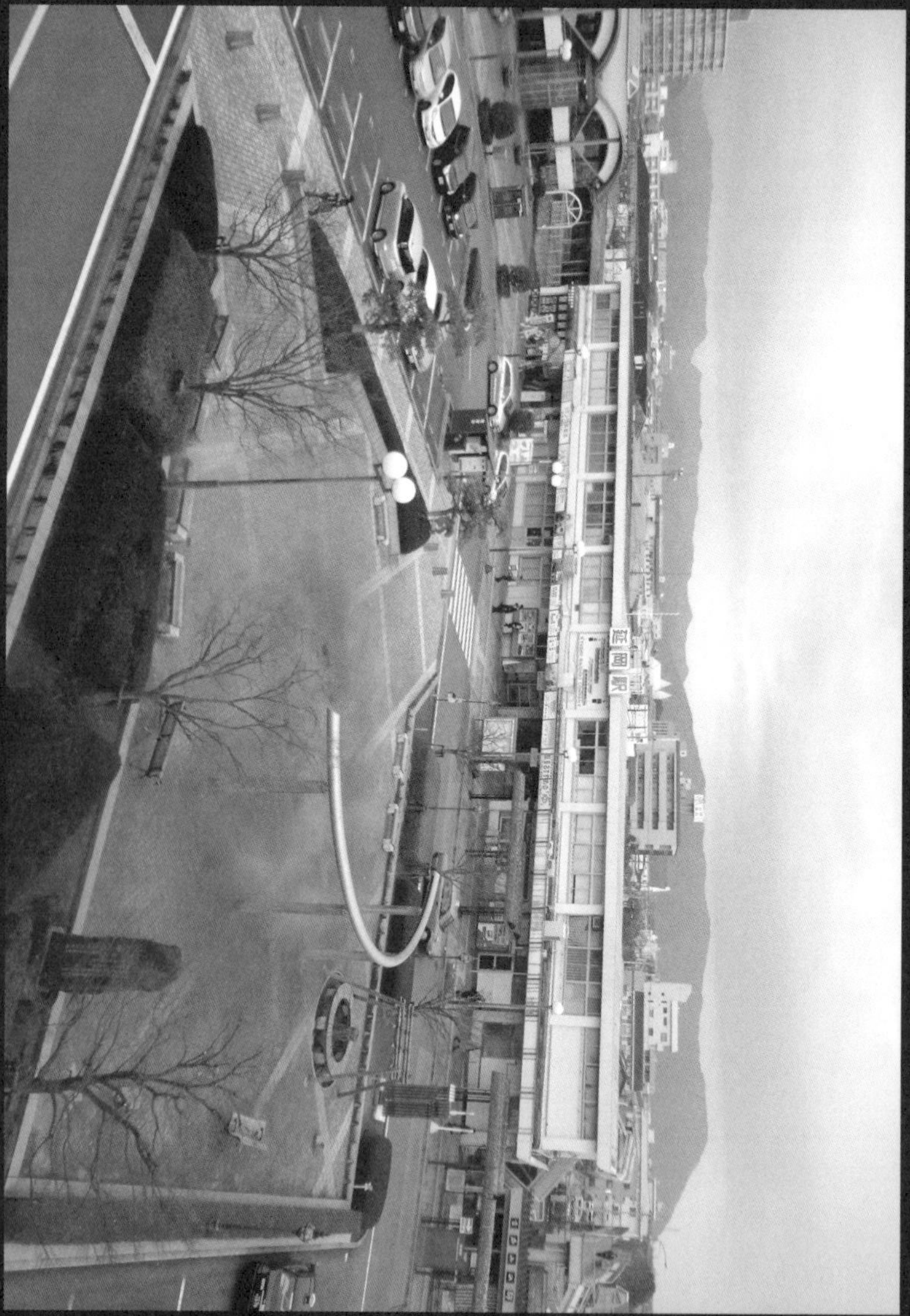

現JR延岡駅舎

るのかというと、市民ワークショップで顕在化した使い方のイメージを最大限に活かしながら規模や機能の設定を行うだけでなく、その設定にふさわしい形の決定が委ねられている。この立場のありように小躍りする設計者もいるかもしれないが、残念ながら筆者はそんなに楽天的な気分にはなれない。驚くほどの数の市民が参加する毎回の市民ワークショップには、相当な時間と手間がかけられている。そうした場から生まれる要求の厚みにきちんと対峙しうる形を、一人の作り手が提案できるのだろうかという悩みに直面して、悶え苦しんでいるのだ。市民に対して形に関する意見を求めないからといって、建築家が好き勝手な形を提案できるというわけではない。むしろ全く反対で、合意形成の手順をふまえずに大多数の市民が納得する形を提案することが建築家には求められているわけだ(なんと難しい!)。そんなことが可能なのは、市民権を得た設計手法を手際よく運用することのできる秀才か、とてつもない造形力の持ち主か。残念ながら筆者はそのどちらでもない。そこで筆者は一計を案じ、形の提供者という立場を一端降りてみることにした。そのかわりに、計画の一部となるJR既存駅舎のたたずまいに解決の糸口を求めてみた。

◎

JR延岡駅は1967年の竣工。当時らしく、ラーメン形式の鉄筋コンクリート構造による実に標準的な駅舎である。地上改札をはいってすぐの所にある1番線に大多数の列車が発着し、ラチ外から列車に乗った人を見送ることができるような、地方都市の小規模の駅にふさわしいヒューマンスケールの雰囲気が心地よい。また、日常的な人々の振る舞いの素朴さと、飾るところのない標準設計の駅舎の雰囲気が絶妙にマッチしているからか、市民のアンケートでも、駅舎のたたずまいを好ましく感じるという意見が多いことにうなづける。また、観光ではなく、日常のまちそのものという感

駅舎整備の模型[©新建築社]

じの延岡駅周辺の雰囲気にもとてもあっている。筆者も、延岡駅のようなアノニマスな建築が好きな方なので、延岡の市民の気持ちと自分の気持ちが同じ方向を向いていることに勇気を感じた。そこで思い切って、JR延岡駅を取り囲むように建設される予定の増築部分を、既存の駅舎の構造とほぼ同じものとすることを提案してみた。高さ、柱間、柱サイズなどを踏襲し、どこまでが旧駅舎でどこからが増築部分なのかが分からないぐらいに新旧が融合している状況をめざせばいいのではないか、そういう形のつくられ方であれば市民ワークショップという手順を踏まずとも、市民の合意を得ることができるのではないかと考えたわけだ。結果は良好。基本構想案として提出した模型は、市民からの好意的な意見を多数いただいている。

図面では表現しきれないもの——新しい公共の体現

しかし、延岡のようにアノニマスな既存建物からスタートするデザインの善し悪しはどうやって判断するのだろう。既存ならば何でもいいという訳ではない。また、既存を増幅させるようにして全体を構成するのはほんの始まりにすぎず、そうやって導き出される清々しいスケルトン状の構造体を生かすのも殺すのも、なかに入る空間のレイアウト次第である。機能を詰め込みすぎるのは良くないだろうし、がらんどうすぎるのも寂しそうだ。なかでも注意しなくてはならないのは、ポピュリズムに迎合して妙に商業主義的なデザインに流れてしまう可能性だろう。公共サービスを税金の対価として受けとり、客人として振る舞う市民によって地方自治体が疲弊しきっている時代である。訪れる市民を客人としてちやほやともてなすことを旨とする、商業主義的な空間構成の公共建築が求められた時代もあったかもしれないが、そろそろ別の方向へと舵を切ってもいいだろう。度をこし

ワークショップの様子

た清貧が単に貧しいだけに感じられるような公共建築の時代に戻る必要はないが、市民の力を「新しい公共の担い手」として活用するような、これまでにない行政と市民との関係性を構築するダイナミックな現場としての公共の場のあり方を、根本から問い直すことが求められているように思う。延岡駅周辺整備は、まさにそうした「新しい公共」を体現するプロジェクトのひとつだ。新しい延岡駅に集まる市民は、これまでのように単に公共サービスを享受するだけの客人ではない。それどころか、サークル活動などを通して、まちに来る人たちをもてなす主体としての働きが期待されている。ある時は客人としてサービスを楽しみ、またある時にはサービスの担い手にもなるような、新しい市民像が想定されているわけだ。そうした

◎

人々の活動が求めているのは、プレゼンテーションの現場でもあり、同時に創造や生産の現場でもあるような空気、そしてその両方を皆で楽しみながら行いたいと切実に思えるような自由で包容力のある空気だろう。もちろんそのような「空気」は、建築設計図の面積表にあるようなプログラムや平米数などでは表現しきれない。そうした創発に係る建築にはっきりとした形式があるわけではないし、また、一人の「建築家」の個性で対処することがひじょうに難しい内容を孕んでいるように感じる。JR既存駅舎という大らかな時代の建物をモチーフとして大いに利用することは、建築のあらわれに関する根本的な問題を触れる方法としても役立つのではないかと考えている。

構造設計と作家性

満田衛資/構造家
Eisuke Mitsuda Structural Engineer

2-7

●問題の本質を共有することで目指すべきものが見えてくる

深層に潜む、なくてはならないシステムが適切にデザインされ、表層に良き影響をあたえているようなデザインの在り方。アノニマスデザインとはそのようなものを指す言葉ではないかと私は考えている。

私の職業は（主として建築の）構造設計である。構造設計とは「建築家の考えたデザイン」に対して耐震性など安全・安心に関わる所要の構造性能を満足するように構造計算を行い、柱や梁のサイズなどを決めることだと一般に思われている。実際、それだけで構造設計を済ませている人も多い。しかし「建築家の考えたデザイン」と言っても、その考え方が隅々までクリアであることも少なければ、その考え方に矛盾しない絶対的な（＝構造計算だけをしておけば十分なレベルの）デザインが提示されてくる場合もまた少ない。建築家の表現したいことは何となく理解できるが、どこか地に足のついていないデザインである場合の方が多い。こうした決して完璧ではない「建築家の考えたデザイン」を拠り所に構造設計を進めた場合のデザイン的な危うさはこの本の読者なら容易に想像できるであろう。私が心がけていることは、建築家が提示する絵や模型のなか、あるいは、建築家との対話のなかにある言葉からエッセンスを抽出し、よりクリアにしていくことである。問題の本質を共有することで、その計画において目指すべき構造の在り方が見えてくる。逆もまた然りで、そのようにして見えてきた構造的エッセンスもまた共有されなければならない。こうしたプロセスを経ることができた時、構造がほど良く意匠に溶け込んだ、嫌味のない優れたデザインに到達する。このような構造設計はアノニマスデザインと呼ぶことができるのではないだろうか。

◎

建築家・福屋粧子さんとの仕事——tomarigiベンチ

建築物ではないが私が構造設計をしたベンチについて紹介してみたい。このベンチは梅田阪急ビルオフィスタワーのスカイロビーにあるtomarigiという名のベンチである。緩やかにカーブしながら高さもゆっくりと変わる全6体のベンチは、曲率の違いも含め、それぞれ固有の形状をしている。デザインは建築家の福屋粧子さんによるものだ。スカイロビーはエレベータの乗継ぎ階にあり、一般の人もオフィスワーカーも自由に利用できることもあって、絶えず誰かがこのベンチに思い思いの姿勢で座っている。ベンチの形態からくる躍動感とおおらかな樹木の対比が絶妙で、公共の場のデザインとしても素晴らしいものだと思う。

このベンチの最初の打合せでは簡単な絵と共に模型が提示された。15㎜角の木の棒を熱で緩く曲げ、

〈tomarigi ベンチ〉［設計/福屋粧子、構造/満田衛資、2010年、大阪・梅田阪急スカイロビーベンチ］

それに虫ピンを挿して脚としただけのひじょうにシンプルな模型である。ベンチ自体は確かに自立しているが、横から指ではじくと簡単に倒れる。ただし、虫ピンの先を床に接着してしまえば決して倒れることはない。つまり、このベンチは固定さえしてしまえば容易に転倒を防止できる。簡単な相談だと思っていたが、クライアント側から思わぬ条件がついた。「床にはベンチを固定するための加工を一切施してはいけない。ベンチは置くだけだ」と。これはひじょうに厳しい条件である。固定できないわけだから、構造設計上のポイントは如何にしてベンチの転倒を防ぐか、となる。転倒を生じさせる力は、(ア)人間がアンバランスな座り方をする、あるいは、(イ)側面から力を加える、ことにより生じる。2本の脚を結んだ転倒軸のまわりにひっくり返るのを防ぐためには、戻そうとする抵抗力を発生させる必要がある。ベンチ全体がカーブしていれば重心は必ず転倒軸の内側にくるという特性を利用し、ベンチ自身の重量によって抵抗することにした。(ア)については、人間の体重という想定内の世界の話なので容易に検討できたが、(イ)の衝突は難問であった。

模型の側面を指で力強くはじくと簡単に倒れるが、優しくはじくと一瞬浮くが倒れずに元に戻る。この現象の違いを数式として表現できれば答えは見つけられる。この現象に対し運動量保存則が適用できると気づいた。何かが衝突する(=運動量を与える)ことでベンチが動き出すのだから、与える運動量を定めればベンチに伝わりうる運動量$m \times v_0$(m：ベンチの質量、v_0：ベンチに生じた初速度)が定まる。運動量については、建築のガラス設計資料としてデータがまとめられており、それを採用した。

では、転倒するかしないかの境界はどこにあるのか？ 模型を倒れる方向に傾けるように持ち、そっと手を放してみる。傾ける量が小さい間は倒れず元に戻るが、ベンチの重心が転倒軸を超えると反

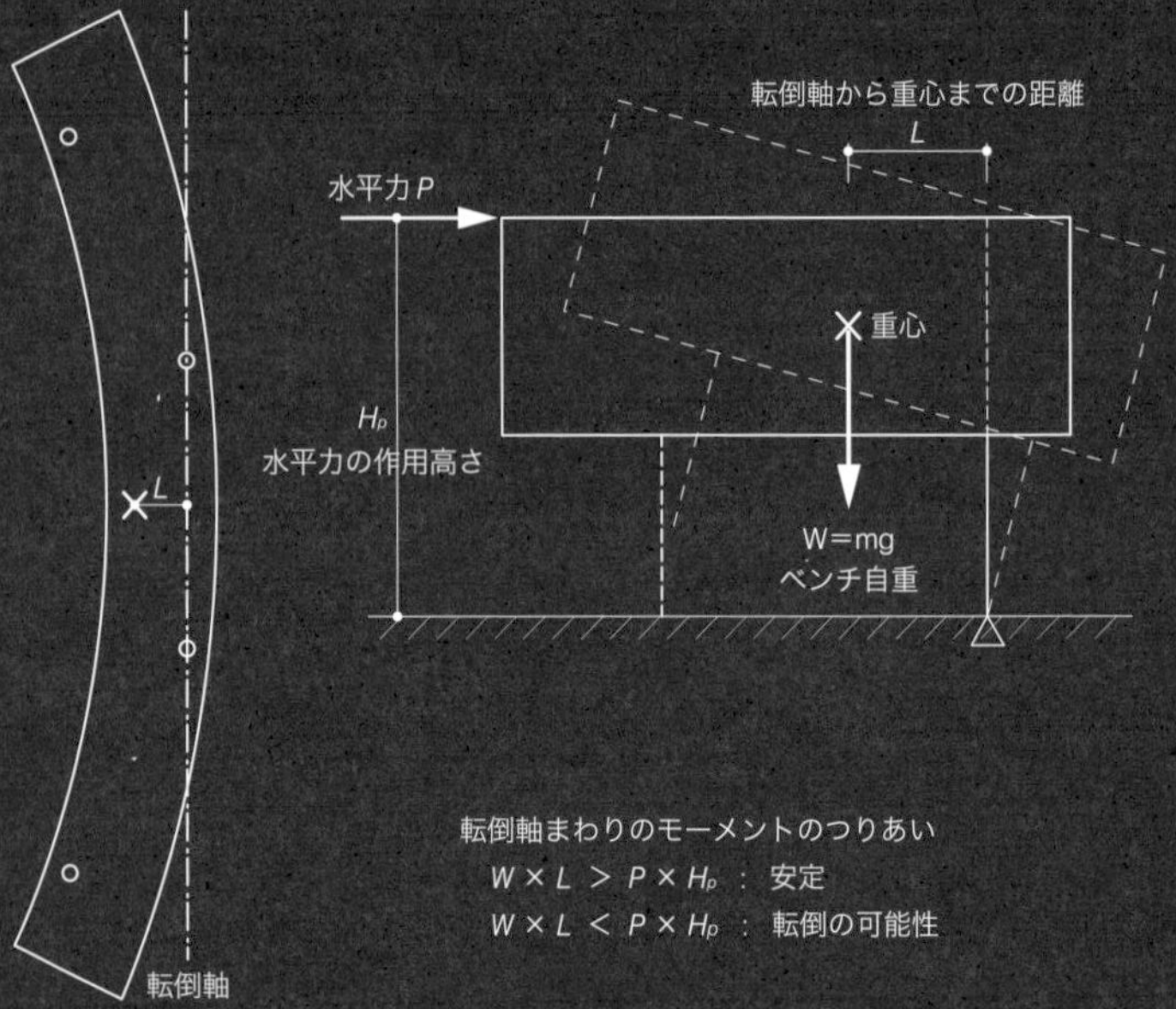
転倒軸から重心までの距離
L
水平力P
重心
Hp
水平力の作用高さ
W=mg
ベンチ自重
L
転倒軸
転倒軸まわりのモーメントのつりあい
W × L ＞ P × Hp ： 安定
W × L ＜ P × Hp ： 転倒の可能性

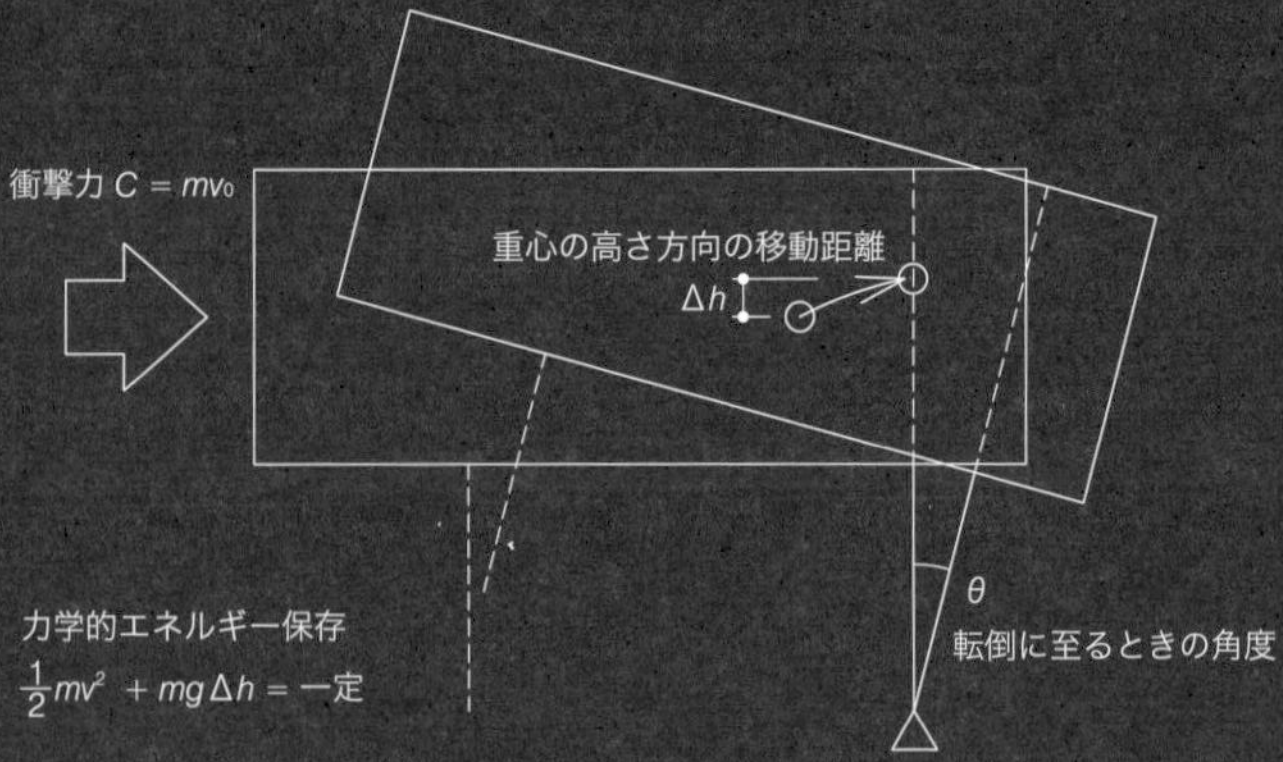
衝撃力 C = mv0
重心の高さ方向の移動距離
Δh
θ
転倒に至るときの角度
力学的エネルギー保存
1/2mv2 + mgΔh = 一定

衝撃力とエネルギー保存則

対側に倒れてしまう。そっと手を放す、とは速度ゼロの状態である。つまり、衝突によって速度を得たベンチの重心が、転倒軸の真上を超える手前で速度ゼロになれば転倒には至らず、転倒軸の真上を超えてしまえば転倒する。これが転倒現象の境界である。そこで登場するのがエネルギー保存則である。$1/2 \cdot m \cdot v_0^2$の運動エネルギーを持った物体は、最大で$1/2 \cdot m \cdot v_0^2 = m \cdot g \cdot \Delta h$で表現される位置エネルギーを獲得することができる。つまり$\Delta h = 1/2 \cdot v_0^2/g$に相当する高さだけ上昇して速度ゼロとなる。一方、ベンチの重心が転倒軸の真上を超えるには、ベンチの曲率と脚の長さから幾何学的に定まる角度θだけ回転しなくてはいけない。θ回転した際に重心が上昇する距離Hは幾何学的に決まった数値として求まるため、$H > \Delta h = 1/2 \cdot v_0^2/g$を満足していれば転倒は生じないと判定できるようになった。この式がこのベンチの構造的エッセンスである。カーブをきつくすれば、転倒軸と重心の距離を稼ぎHを大きくすることができるし、比重が大きな樹種を採用し質量mを大きく稼げばv_0を小さくすることができる。つまりこのベンチは座面や脚が構造材そのものであるというだけでなく、その形態や素材の決定を含むすべてに構造の原理が含まれた、意匠と構造が不可分の家具なのである。

本来あるべき姿を愚直に捉える

だが、構造部材のみによる構成であるにもかかわらず構造然とした様相はどこにもなく、人々に愛された憩いのベンチとして実に自然に利用されている。これは、ひとえにデザイナーとしての福屋さんの才覚あってのものであり、彼女の力によって私の努力も報われたと言えよう。

この世に構造のないものなど存在しない。構造は存在そのものが自然の摂理であるから、構造らしさを感じないことは、もの本来の姿を映し出していることに他ならない。ものそのものが本来どうあるべきか、ということを愚直に捉えようとすることで道が開けるところに、構造設計とアノニマスデザインとの親和性があるのだと私には思えるのだ。

◎

オープンソースとオープンプロセス
——〈逃げ地図〉開発プロジェクト

羽鳥達也／建築家
2-8 Tatsuya Hatori Architect

逃げ地図とは

「逃げ地図」は東日本大震災の反省を踏まえ、高台への避難を促すため、沿岸地域を対象として、浸水するリスクや逃げ遅れるリスクを地図上に表現したものである。これは被災したある集落の不安を和らげるために、震災後の避難地図をつくることから始めた活動であったが、結果的には従来の避難地図とは似て非なるものとなった。

作り方は沿岸部集落の約百年間の津波ごとの浸水域を重ねて着色する事で、浸水頻度をグラデーショナルに表現し、そのリスクには場所ごとに差があることを明示する。これにより地形や地盤と津波との関係が分かる。次にその約百年間で浸水していない領域の境界と、その領域に通じている道路の交点をゴールとし、そこに至るまでに必要な時間を、3分ごとに安全な緑から危険な赤方向へ色分けして道路上に着彩する。このように避難時間を表記することにより、地域ごとの浸水する危険度や逃げやすさが詳細に分かるようになる。

第2章 | **都市 建築** | Chapter.2 | **Architecture/City**

逃げ地図

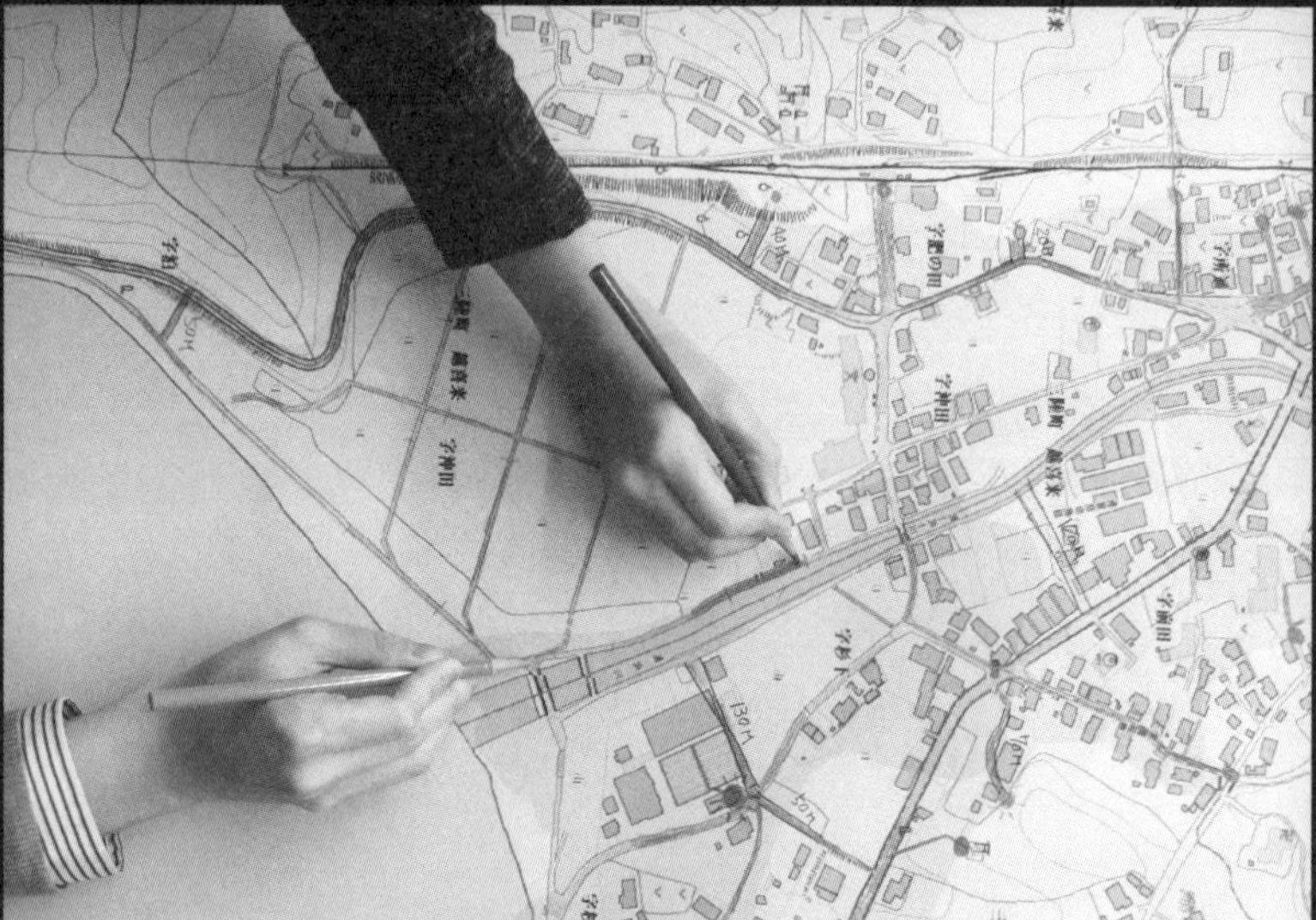

このように、地形と避難時間を軸に地域の性質が分かるようになると、色の変化を比較することにより、避難路や避難タワーなどの対策ごとの費用対効果も比較できるようになり、多数の試案の性能の差が明らかになる。そこが従来の避難地図とは異なる特徴であるが、この特徴は建築における性能設計の概念を参照すると分かりやすい。

逃げ地図の作家性

「逃げ地図」を開発したメンバーは日建設計の若輩者ばかりである。東北出身者が約半数を占めるが、設計、都市計画、土木、デジタルデザインなど、担当分野は多様で、特徴的な共通点は２０００年前後に入社したという事くらいである。

１９９８年から２０００年にかけては建築基準法に耐火・避難安全検証法などの性能規定が加わる大きな法改正があった時期である。性能規定とは、例えば避難時間が短い建物は、耐火時間も短くて済むというような、性能により守るべき規定が変化する法律で、当時は建築の安全性に「性能」という概念があることを知り、感心した。

これは「性能設計」と同様の概念で、建築設計では地震などの外力を設定し、構造の強度などを決定する強度設計に用いられてきたが、最近では省エネ計画などの環境性能の設計にも用いられている。このような手法がゼロ年代以降、様々な局面で意識されるようになったと言えるだろう。

「逃げ地図」は街づくりに既存の事例、手法を参照し、当てはめるのではなく「性能設計」の概念を導入し、客観的な評価を可能にする方法論である。この方法論に作家性、即ち私性があるとすれば、操作するパラメーターの選択とその組み合わせや、必要な性能の決め方にあると思う。通常の性能設計では、所与のパラメーターや要求性能が決まっているが「逃げ地図」は、そのパラメーター自

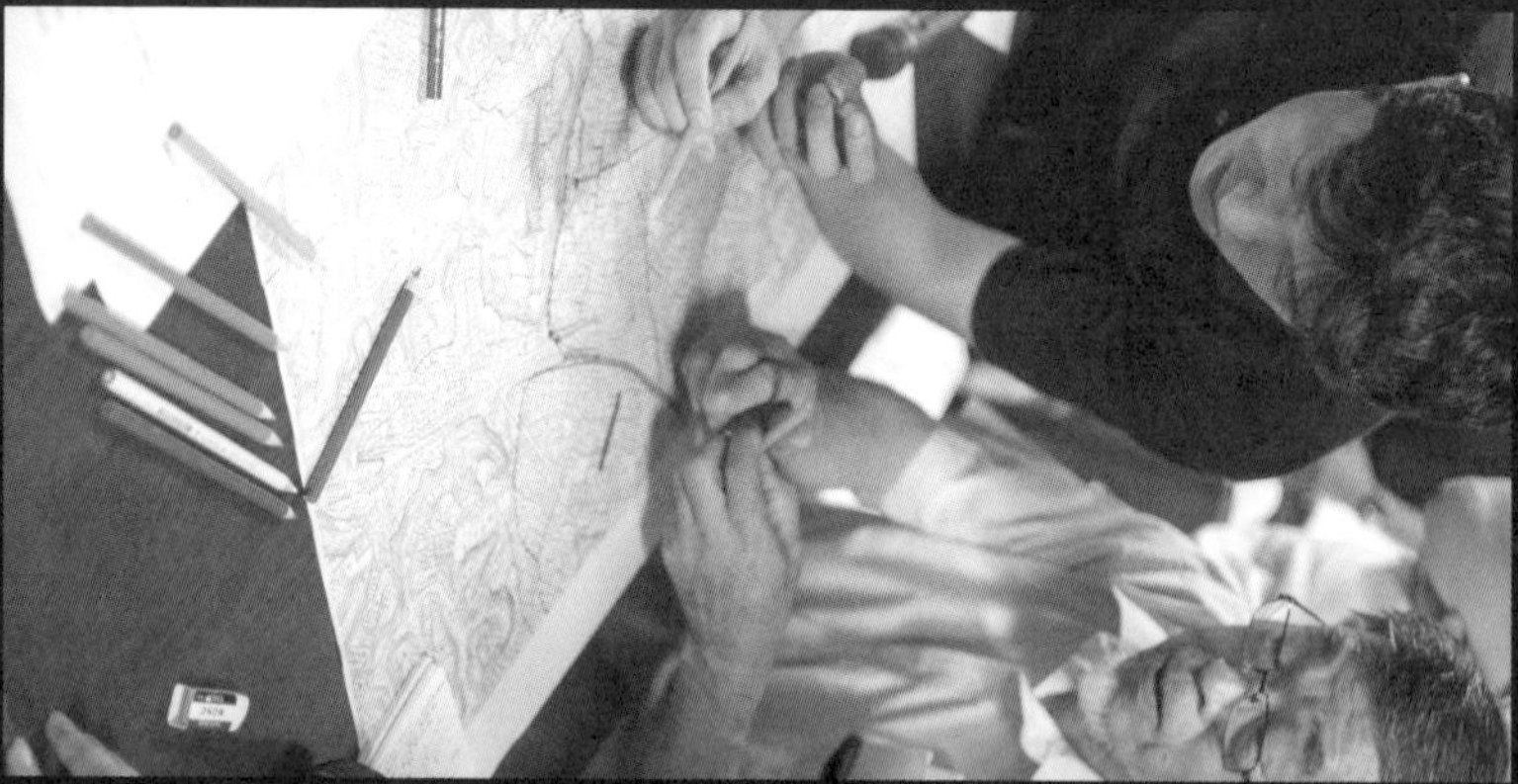

右：鎌倉市材木座でのワークショップ
左：陸前高田市長部地区でのワークショップ

◎

体は我々が設定し、どこまで逃げれば安全と見なすか、どのくらい逃げやすくするかという必要な性能については、住民と逃げ地図を共作する際に、納得できる値を決める方法を採用している。

なぜこの手法を採るかというと、震災以降、被災地を訪れる度に、あらゆる場面で自治体と住民、または住民同士の合意形成が困難であるというエピソードを沢山耳にしたことがきっかけであった。この相互不信は多くの場合、課題の共有と把握に限界があることが主な原因と思えた。つまり、ある提案を考えたとしても、提案の前後でどのような変化が起こるのか分からなければ一般の人々はその良し悪しを評価できない。そこで、前述した方法に至ったのだが、ワークショップの結果から考えると概ね当たっていたと言っていいだろう。重要なのは、専門家や住民を含む関係者の多くが納得できる鍵は何かを考えながら、その評価軸を決めることにあり、その取捨選択は、地図が地域の生きた情報となるかどうかを左右する。その取捨選択にこそ我々の個性が現れているのだと思う。

◎　◎

オープンソース、オープンプロセスの時代の「作家性」

あらゆる物事が一瞬で検索可能なオープンソースの時代には、オープンプロセスによる合議決定は避けられない潮流である。被災地でも設計の現場でも同様ではないだろうか。

しかし、多数決による合議の場では、リスクが読みにくい進歩的な提案は分が悪く、前例に倣いがちだ。災害後の街づくりという状況下で次世代に適したものをつくるにはオープンな議論の場で、前例主義に陥らないことが重要だ。

以前担当したソニーシティ大崎では「バイオスキン」というヒートアイランド現象を緩和する

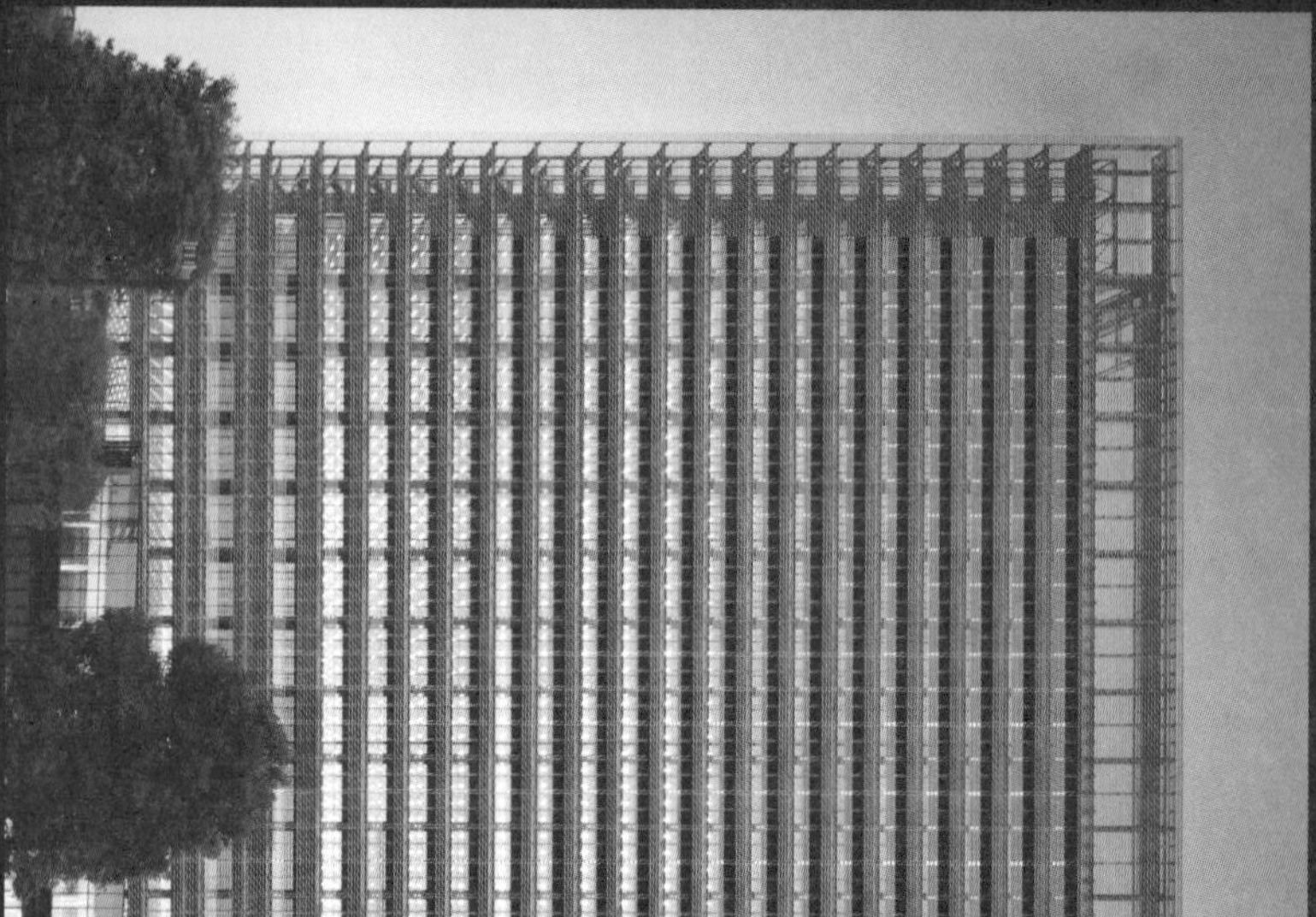

ソニーシティ大崎

今までにない外装システムを開発したが、BIM(Building Information Model)を利用し、開発した素材の実測データをもとに、熱流体解析ソフトで周辺気温が低下する効果を認知可能にした。さらに採用の判断材料として、提案の有無で費用対効果を比較できる資料づくりに日夜格闘した。従来、建築の外壁でヒートアイランド現象の緩和をテーマにすることはないので、採用には新しい価値判断が必要だが、リスクや効果を冷静に判断できる情報を示すことがそれを可能にした。合議においても前例主義に陥らない合意形成を可能にすることを学んだ体験であった。

◎

逃げ地図も同じように、従来の街づくりでは主題ではなかった災害リスクを可視化し、避難時間の短縮を、効果を判断する情報として提示する事。つまり事実判断のための適切な情報の選定と明快な編集こそが新しい合意形成を可能にするものと考えている。住民とのワークショップの際に、これまで議論や判断が不能であったことを可能にする様子には我々も驚いた。我々はここに、衆愚に陥ることなく、しかも多くの納得を育みながら次世代に相応しいものを生み出す可能性を見ている。

◎

オープンプロセスの時代に次世代に相応しいものを民主的に選択、決定するためには、新しいツールが必要となる。ウェブブラウザ上で多くの意見をログとして収集する逃げ地図2.0というプログラムの開発や先日実現したHondaのナビアプリとの連携もビッグデータと連携し、より多くの人々が納得できる、より幸福な判断の助けとなるツールを生み出す試みのひとつである。

◎

新たな判断には負担が伴う。そこに丁寧に寄り添い、判断材料を編集し、共有可能にするためのツールを開発する。こういった職能の拡張は、同時に新しい建築家像を示すのではないだろうか。

◎

逃げ地図に垣間見える異質な作家性が、そこにつながるひとつのルートであると期待したい。

インクルーシブ・アーキテクチャー

家成俊勝／建築家
2-9
Toshikatsu Ienari Architect

● 「共に」「つくる」「私たち」

インクルードとはエクスクルード「締め出す」の反対語で「包摂する」という意味がある。インクルーシブ・アーキテクチャーは現代の建築における「設計する人・建設する人」と「使う人」を明確に分ける状況に対してのオルタナティブとして、また障がい者をはじめマイノリティーと呼ばれる人々も含め、使用者に設計や施工のプロセスに積極的に参加してもらうことによって、使用者が「つくること」を手放さない状況の創出を目的としている。そうすることで、「共に」、「つくる」、「私たち」、というローカルな関係性のなかで、より使いやすいモノやコトの構築が可能になると考えている。

◎

ここでは2010年の11月から2011年の3月にかけて、デザイン研究者の水野大二郎氏と財団法人たんぽぽの家と協働で行ったプロジェクト「インクルーシブ・アーキテクチャー」を紹介したい。インクルーシブ・アーキテクチャーとは建築を共に「つくる」ための方法論である。

私たちから遠のいてしまった建築

まず私たちを取り巻く現状について少し触れたい。私たちは、毎日自分たちが暮らしている家や、普段何気なく使用している建築物がどのように建っているのか全くと言っていい程分かっていない。建築は私たちから随分と遠のいてしまっている。オーディオや電子レンジと同じように商品になってしまったのだ。解り易い例を挙げてみよう。業界最大手のダイワハウスのCMにはダイワマンというキャラクターが出てくるが、商品である家の説明はほとんどない。少し前までは、春の爽やかな日に女優がソファーに座っている光景とともに「光と風が通り抜ける家」など、イメージと共にかすかに家の説明がなされていた。しかし、現在ダイワマンに象徴されるように、CMは行き着くところまで行き着き、各社がマーケティングを元に微細な差を争う結果、ついに家そのものについての説明はなくなり、キャラクターが出てくるだけとなった。商品としての建築は行き着く先を失っている。売り手と買い手が明確に分けられている上に、とっかかりとしての両者共通のイメージは家と関係ないキャラクターなのだ。売り手と買い手、つくる側と使用する側が分離した現在の状況のなかで、これとは違った仕組みが必要であることとは間違いない。

そもそも商品開発の元になるマーケティングとは、各人の微細な差異を問題にしない。マジョリティを構成する様々な装置によって私たちが持っている多様な特異性は失われていく。しかし私たち各々が様々な特異性を持っており、その特異性に合わせて自分を取り巻く環境を自らの手で生成させていくことができれば、豊かな風景が生まれるに違いない。2011年に設計と一部施工を行った〈No.00〉という住宅は、設計者を頂点

No. 00［撮影：太田拓実］

◎

とするトップダウン式の設計プロセスではなく、施主や施工者の思考も等価に扱いながら、関わる人々やそこにしかない周辺環境の特異性をダイレクトに反映させた建築となった。キャッチーなカタチを持った建築ではないが、多くの思考や身体が積み重なって成立するアノニマスな佇まいは、多くの人の関わりしろとなる可能性があると考えている。

私たちのまわりの建築を見てみよう。個人では到底購入することができない、大きくて重たい工場の機械によって生産される部材でできた建築、そしてカタログからしか選べない表層のテクスチャーを纏った建築は、あらゆる場所に同じような景色を出現させる。私たちがもう一度都市に介入し、自ら空間を生成することができれば、貧しいバリエーションでできた風景ではなく、そこにしかない豊かな風景が立ち上がるだろう。

● もう一度、都市に介入し、自ら空間を生成する

ではどのようにして、そのような風景をつくることができるのか。「つくる」ためには道具が必要である。しかも先述した高価で高度な道具ではなく、ハンドツールのように私たちが少し学べば直ぐに使えるようになる安価な道具。インクルーシブ・アーキテクチャーでは、まず道具の見直しから始めている。エクストリームユーザーといわれる障がい者の方々（車椅子生活の方、全盲の方、脳性麻痺の方）や普段ほとんど道具を使わない一般の方々に集まってもらい、ノコギリ、ハンマー、電動ドライバーなどのハンドツールの使用方法を説明した後に、実際に道具を使用してもらうことから始めた。道具にどのような使い辛さや不具合があるかを検証し、その場で手に入る簡単な材料を用いてより使い易い道具のラピッドプロトタイプの製作を試

Inclusive Architecture作業風景［撮影：水野大二郎］

◎

みた。様々な道具の各人が考えるそれぞれの不具合を解決すべく多くのアイデアが生まれた。

インクルーシブ・アーキテクチャーは、様々な人が、つくること、分解すること、更新することに関与できる簡単な建築の建設、さらに都市空間の間隙にその建築を介入させることで、遠のいていた都市空間をもう一度自分たちの手元に引き寄せることを目的としている。そのためには建築材料も安価でどこでも手に入るモノでなければならない。そこで段ボールに着目し、再び障がい者の方々や学生を交えながら道具や段ボールを用いた建築のつくり方の検証を行った。結果的にはモジュール化した560㎜×310㎜のあらかじめ折り目を付けた段ボールを様々に折り畳み、接続していくことで、簡易シェルターのような可動式の建築の提案をするに至った。しかも折り畳み方と接続の仕方によって、様々なカタチをつくり出すことができる。平坦な土地に設置できる自立型と、都市に既にある構造物（公園の東屋や藤棚）に取り付く寄生型など都市空間における介入の方法も様々である。

◎

障がい者の方々や学生と共に考案されたこの仕組みは、設計のワークショップに参加しなかった人々にとっても建設可能なものになった。小学生とその親たちと共に後日行ったワークショップでは、段ボールのピース数を増やし、さらに大きなインクルーシブ・アーキテクチャーを実現させた。設計や建設のプロセスにおいて、不断の協力と調整を行い、様々なインスピレーションを持ち寄った人々が、この建築を私たちがつくったものと自負できる状態こそが、このプロジェクトの成果といえる。この建築は、誰かに与えられるものではなく、誰か特定の個人へ還元されるものでもない。小さな試みではあるが、隔たれた世界をブリッジし、対等な人々の間にある自由で親密な関係性によってつくられた、多なる私たちのものであるといえるのではないだろうか。

Inclusive Architecture作業風景［撮影：水野大二郎］

カムフラージュ・アイデンティティ

メジロスタジオ／建築設計事務所

2-10 Mejiro Studio Architecture Farm

建築の間接的享受の時代

近代以前、建築家は建築をつくることにより生まれる空間性により、社会に対して価値の提供を行ってきた。例えばヴィラや教会のように、建築の空間性に発注者の社会的地位や建築的リテラシーが投射され、その価値を利用者が享受するという回路が強固なものとして存在していたのである。一方、資本主義経済が加速した現代社会においては、例えば不動産の証券化やファンドのような集団投資のスキームにより、不特定多数の投資者が金銭を媒介にして建築の価値を享受している。つまり、かつて建築を欲望する発注者、利用者、そして建築家といった建築に参加する各主体の関係は、分かちがたく結び付き、価値の共有が行われていたのに対して、金銭的価値を欲望する主体の出現により、各々の主体が享受する価値の分離が起きているのである。直接的に建築の空間性という価値を享受し、主体同士が結び付いていた時代を「直接的享受の時代」とすると、各主体が分離し、

東府中の集合住宅。角部屋、角住戸、南面バルコニー、リゾート風など、一般的に了解されている既存の
不動産言語を設計にあえて取り入れ、新しい建築の在り方を試行するプロジェクトを展開している

金銭を媒介して間接的に建築の価値を享受することが可能になった現代は「間接的享受の時代」と呼ぶことができるだろう。

しかしながらこのような状況の変化に対して、建築あるいはその創作プロセスがどのように変化し、またどのように変化しなければならないのか、という議論はあまり真剣になされていない。その要因のひとつに公共建築の存在を挙げることができるだろう。なぜならば公共建築において発注は行政から行われ、その窓口となる役人の意見は、一般市民の声を代理していると解されているからである。つまりここでは発注者と利用者と投資者（納税者）の間で、建築の空間性という価値を共有していた「直接的享受の時代」の図式が成立している（とされている）のである。

したがって建築家の主戦場が、公共建築という聖域か、直接的享受の関係が保証された建築的リテラシーの高い発注者の仕事に偏りがちなのは極めて自然な流れであろう。そうして建築家は、公共事業の見直しなどの世論［注1］や、施主のリテラシーを啓蒙することに頭を悩ませているのである。市場原理の支配力が増大する社会的状況のなかで、建築家は従来どおり空間性の獲得を第一義に訴えるだけでは、そのプレゼンスを十分に発揮することは困難になりつつある。

郊外というフィールド

郊外は、少子高齢化や縮退する経済などの、日本社会が抱える色々な問題の影響を受けやすいため、様々な分野で注目されてきたが、私たちは郊外を「間接的享受の時代」の建築家のあり方を模索するための、プラクティスの場として着目している。

郊外において、集合住宅などの賃貸案件を設計する際にまず前提となるのは、空間的に魅力的な建築を欲望する発注者がなかなか存在しないという

立川空想不動産。自分たちで設計した建築を他の不動産物件と等価に扱い、自ら入居者募集を行っている。
郊外の特徴的な賃貸物件を紹介することで郊外の地域性の考察を行っている

メジロスタジオのメンバー。
3人のパートナーで共同主宰する
ユニット派の設計事務所
[撮影：TAKAMURA DAISUKE]

シネマスタジオ。
郊外の衰退した商店街の空き家を
自社で投資・リノベーション・
管理運営をするプロジェクト。
コミュニティカフェとして再生した
シネマスタジオ1(左)と、
シェアオフィスとして再生した
シネマスタジオ2(右)

◎

現状である。郊外物件は賃料が低く、投資できるイニシャルコストが抑えられ利益率も低くなるため、空間の魅力を高めるような意志参入がしづらくなるからである。また空間性を享受したい入居者の数も相対的に少なく、したがって一般的なマジョリティ層もターゲットに入れた、既存の不動産言語に縛られた建築がリスク回避のために求められてしまう。

このような郊外の土壌のなかで建築をつくり続けてきたが、私たちは一般的な既存不動産言語をむしろ新しい建築の表現を展開するための活力として捉え、既存の諸条件に抗うのではなく、受け入れ、咀嚼することで、建築を新たな地平へ導くことができるのではないかと考えている。そして、今まで建築家が取り結ぶことができなかった、あるいは取り結ぶべきではないと了解されていたマジョリティ層へ抵触することで、郊外都市の更新に対して建築家のプレゼンスを発揮できるのではないかと考えている。

◎

また、私たちは郊外の特徴のある賃貸物件を集めた不動産メディアの運営（立川空想不動産：http://www.cuusooestate.jp/）や、空洞化した中心市街地の再生などを目的とした地域密着型ディベロッパーとしての活動（リライトデベロップメント：http://development.re-write.co.jp/）も、設計活動と併走させて行っている。不動産メディアで私たちが設計した集合住宅に対して入居者の募集、仲介を行い、ディベロッパーとして空物件をシェアハウスやシェアオフィスとして自ら再生し、自社で運営を行っている。

設計のみならず物件の発掘・再生・管理・運営・仲介など、多角的な活動を展開することで、発注者・利用者・投資者などの主体にそれぞれ個別にアプローチするツールを確保している。主体が分離した「間接的享受の時代」において、各主体を無理に融合させようとするのではなく、分離したままの状態、ねじれの位置にある状態を受け入れながら、彼らと関係を取り結ぼうとしている。

●カムフラージュされた作家性

私たちは複数のパートナーが共同主宰する、いわゆるユニット派の設計事務所である。ここであえてユニット派という言葉を用いたが、この言葉はかつて建築批評家の飯島洋一氏が、社会に対する理念が乏しく日常世界に拘泥する作家性のない若手建築家グループを揶揄して命名した言葉［注2］である。建築家には強い個性があるべきで、その作家性が投影されたものが建築家の作品であると解されるのが一般的な認識であるが、ではその作家性を裏打ちする作品とはどのようにして生み出されるものなのであろうか。

通常建築家は自身の作風の固定化をまぬがれるために、また建築の本質を追及するために繰り返し検討作業を行いながら作品を創作している。例えばスタッフたちとの度重なるディスカッションや、大量の検討模型の作成である。これらは意思決定の現場に他者性を実装させることで、主観的な判断による誤審を未然に防ぐ、客観化の作業である。ではこの他者性の実装によるメリットを最大化し、運営方法まで拡張したものがユニット派だと捉え直すことができないだろうか。そして創作プロセスのなかに運営方法を位置付けることで、新しい時代に適応した作家像を考えることができないだろうか。

私たちは生々しい個人的属性を捨象し、メジロスタジオという仮想的な人格、抽象的な作家を仮定することにより、一般的に認識されている作家像に回収される事態を回避しながら創作している。個人名を伏せる戦略を意識的に敷くことで、自分たちの個性を自分たち自身から外部化させている。また、先に述べた不動産メディアやディベロッパーの活動に関してはメジロスタジオというユニット名すら伏せることで、同一人物の一貫性を否定している。外部化や一貫性の否定によって自らをカムフラージュさせることで、いくら言葉を尽くしても決して説得できない他者との共存を目論む方法論を実装しようとしているのである。これらの先に、ねじれの位置にある分離した主体といった「間接的享受の時代」の他者を呼び込めるのではないかと考えている。

◎

例えば迷彩色のような、特定の色の名前を示しているわけではないが、誰もが具体的なパターンを思い浮かべることができる、仮想的であいまいな側面と確固たる強い側面をあわせ持つ、カムフラージュされた個性。この両義的な個性から、現代の社会的状況に適応し得る新しい作家像が見えてくるのではないかと考えている。

注1 今後、公共建築の老朽化により施設の再生やマネジメントに対し、建築家の専門性が求められることが予想されるが、ここでは論の方向性から建築家と公共建築の従来の関係を批判的に述べている

注2 飯島洋一「『崩壊』の後で——ユニット派批判」『新建築住宅特集』2000年8月号、新建築社

2000年東京工業大学大学院博士課程修了。1992年より塚本由晴とアトリエ・ワン共同主宰

2-6 | 乾久美子 [いぬい くみこ]

1969年大阪府生まれ。建築家。1992年東京藝術大学美術学部建築科卒業。1996年イエール大学大学院建築学部修了。1996-2000年青木淳建築計画事務所勤務。2000年乾久美子建築設計事務所設立。2011年より東京藝術大学美術学部建築科准教授、延岡駅周辺整備デザイン監修者。主な作品に〈アパートメントI〉〈フラワーショップH〉〈KYOAI COMMONS〉他。著書に『そっと建築をおいてみると』『浅草のうち』『まちへのラブレター』等

2-7 | 満田衛資 [みつだ えいすけ]

1972年京都府生まれ。構造家。1999年京都大学大学院工学研究科建築学専攻修了、1999-06年(株)佐々木睦朗構造計画研究所勤務を経て、2006年満田衛資構造計画研究所設立。京都精華大学大学院、京都美術工芸大学非常勤講師。主な作品に〈中川政七商店新社屋〉(2011年JSCA賞新人賞受賞)、〈カタガラスの家〉〈春日丘高等学校創立100周年記念会館〉他

2-8 | 羽鳥達也 [はとり たつや]

1973年群馬県生まれ。建築家。日建設計勤務。1998年武蔵工業大学(現東京都市大学)大学院修了。東京大学建築学科、東京都市大学建築学科非常勤講師。主な作品に〈神保町シアタービル〉〈ソニーシティ大崎〉。日本建築家協会新人賞、アルカシア建築賞ゴールドメダル受賞他

2-9 | 家成俊勝 [いえなり としかつ]

1974年兵庫県生まれ。建築家。ドットアーキテクツを赤代武志と共同で主宰。京都造形芸術大学空間演出デザイン学科准教授、大阪工業技術専門学校夜間部非常勤講師。建築設計、内装デザイン、アートプロジェクトの施工をはじめ、他分野の人々との協働プロジェクトにも多く関わる

2-10 | メジロスタジオ

2002年に古澤大輔、馬場兼伸、黒川泰孝により共同設立された建築設計事務所。日本建築学会作品選奨(2007及び2012)、SDレビュー朝倉賞(2011)等。

古澤大輔 [ふるさわ だいすけ]

1976年東京都生まれ。2002年東京都立大学大学院修士課程修了。明治大学大学院、首都大学東京大学院、日本大学、東京理科大学大学院にて非常勤講師を歴任。現在、リライトデベロップメント役員、日本大学専任助教

馬場兼伸 [ばば かねのぶ]

1976年東京都生まれ。2002年日本大学大学院修士課程修了。現在、明治大学兼任講師

黒川泰孝 [くろかわ やすたか]

1977年東京都生まれ。日本大学大学院修士課程修了

2-1 | 蓑原敬 [みのはら けい]
1933年東京都生まれ福岡県育ち。都市プランナー。東京大学教養学部で地域研究(アメリカ)、日本大学で建築を学ぶ。ペンシルバニア大学大学院に留学、アメリカの都市計画に触れる。建設省、茨城県で都市計画と住宅行政の政策立案と実施の現場を経験。蓑原計画事務所所長。主な著書に『成熟のための都市再生』『地域主権で始まる本当の都市計画』等、多数

2-2 | 難波和彦 [なんば かずひこ]
1947年大阪府生まれ。建築家。(株)難波和彦・界工作舎代表。東京大学名誉教授。1974年東京大学大学院建築学専攻博士課程修了。主な作品に〈なおび幼稚園〉〈箱の家〉シリーズ。著書に『箱の家-エコハウスをめざして』『建築の4層構造——サステイナブル・デザインをめぐる思考』

2-3 | みかんぐみ
加茂紀和子・曽我部昌史・竹内昌義・マニュエル=タルディッツの4人の建築家からなる建築設計事務所。1995年に共同設立された。主な作品に〈NHK長野放送会館〉〈八代の保育園〉〈マルヤガーデンズ改修〉他

2-4 | 西村浩 [にしむら ひろし]
1967年佐賀県生まれ。建築家。(株)ワークヴィジョンズ代表。東京大学工学部土木工学科卒業、東京大学大学院工学系研究科修士課程修了。1999年ワークヴィジョンズ設立。主な計画・作品に〈岩見沢複合駅舎〉〈大分都心南北軸構想〉〈佐賀市街なか再生計画〉〈函館市中心市街地トータルデザイン〉〈鳥羽海辺のプロムナード〉〈長崎水辺の森公園橋梁群〉等

2-5 | 貝島桃代 [かいじま ももよ]
1969年東京都生まれ。建築家。筑波大学准教授。

まえがき	●	藤村龍至	建築家
プロローグ	●	岡田栄造	デザインディレクター
第1章 Chapter.1 デザイン	1-1	川崎和男	デザインディレクター
	1-2	阿部雅世	デザイナー
	1-3	清水久和	インダストリアルデザイナー
	1-4	織咲誠	インターデザインアーティスト
	1-5	石井すみ子	工芸デザイナー
	1-6	柳原照弘	デザイナー
	1-7	西澤明洋	ブランディングデザイナー
	1-8	水野大二郎	デザイン研究者
	1-9	久下玄	ストラテジスト/デザイナー/エンジニア
	1-10	太刀川英輔	デザインアーキテクト
第2章 Chapter.2 建築/都市	2-1	蓑原敬	都市プランナー
	2-2	難波和彦	建築家
	2-3	みかんぐみ	建築設計事務所
	2-4	西村浩	建築家
	2-5	貝島桃代	建築家
	2-6	乾久美子	建築家
	2-7	満田衛資	構造家
	2-8	羽鳥達也	建築家
	2-9	家成俊勝	建築家
	2-10	メジロスタジオ	建築設計事務所
第3章 Chapter.3 メディア	3-1	大山顕	フォトグラファー/ライター
	3-2	渋谷慶一郎	音楽家
	3-3	松川昌平	建築家
	3-4	猪子寿之	チームラボ代表
	3-5	徳山知永	プログラマー
	3-6	スプツニ子!	アーティスト
		濱野智史	情報環境研究者
	3-7	梅沢和木	美術家
エピローグ	●	東浩紀	思想家/作家
あとがき	●	山崎泰寛	編集者

私が土木構造物に惹かれる理由

大山顕／フォトグラファー／ライター
Ken Ohyama
Photographer
Writer

3-1

ぼくは工場やジャンクション、高架下建築などの写真を撮り、発表している。共通するのはどれも土木構造物であるという点だ。ここでは、ぼくが土木構造物に惹かれる理由から「アノニマスデザイン」とは何かを考えてみたい。

◎

●匿名／顕名の文化

いわゆる匿名／顕名の観点からいうと、土木と建築の違いは分かりやすい。土木構造物の設計者名が世間に知られることはほとんどない。たとえばレインボーブリッジの設計者は誰なのだろうか？おそらく建築の世界であれば、これと同レベルの「作品」には必ずその設計者の名前がつくはずだ。そもそも「土木」という呼称からして「匿名」だ。マテリアルのことしか言っていない。英語の"Civil engineering"や「建築」という言葉が行為を示しているのと対照的だ。行為には主語が必要で、建築が署名入りなのもうなずける。

一方で、この土木の匿名性はよく考えれば当たり

◎

前のことにも思える。橋梁やダムのように、膨大な人が関わるプロジェクトにおいて設計者を決めることは難しい。計画をした人なのか、構造計算をした人なのか、あるいは意匠を担当した人なのか。しかもそれぞれに段階があり複数の人が関わっている。

しかしほんとうは建築の世界でも事情は同じはずなのだ。だから土木が匿名なのは、仕事のプロセスの問題ではなく「奥ゆかしさの文化」によっているのだ……と、長いこと思っていた。これはかつてぼく自身が家電メーカーに務めていた時体験したことによっている。

当時ぼくはとある広報プロジェクトに携わっていた。それは社員の仕事に対する情熱やかっこ良さを知ってもらうのが目的で、そのためにまず商品をデザインした人にインタビューをして、記事にしようと企画した。ところがここで問題が発生した。誰もが取材を受けたがらないのだ。みんな口をそろえて言った「自分一人でデザインしたわけではないですから」。

見れば、我が社の新商品が発表された際、ニュースに登場するのは経営サイドの偉い人ばかりだった。あれは現場の人々が名乗り出ることをはばかり、最後は本部長などにたどりついた結果なのだ。

一方で、ある競合他社は同様の記事で、入社3年目の若手デザイン部門社員が「臆面もなく」語っていた。情熱が伝わってきたし、それはかっこ良く見えた。ずいぶんと悔しい思いをしたものだ。

つまり土木、建築に限らずおよそ現代の複雑なシステムのなかでつくられるものは、あえてひとりの手柄に仕立てる、という文化がなければ本来顕名にはならないものなのだ。それは音楽も書籍も、時にはアート作品ですらそうだ。なぜうちにはそういう文化がないのか。悔しさの果てに、ぼくはこう思った。匿名とは「誰も責任をとらない」ことなのだ。手柄と引き替えにリスクを負うのが顕名であり、それがブランドというものなのだ、と。家電においてはたしかにそうかもしれない。しかし土木の世界では少々事情が違う。

●「ままならなさ」との格闘

ぼくは長い間自分がなぜ土木構造物に惹かれるのかをうまく説明できないでいた。それがすっきりとしたのは高架下建築を見て回っていた時のことだ。高架下建築とはその名の通り、鉄道や道路の高架の下に収まった建築のこと（ただし、正確にはこれは建築ではない）。「ガード下」と呼ばれているものにあたる。3年前、とある高架下建築を見て思わず「あっ！」と声を上げた。それは隣り合った同じ高さの2つの家屋が、かたや3階建て、かたや2階建てという並びだったのだ。高架下建築の高さを決めているのは鉄道の事情なので、このように2階建てにしては高いが3階建てにしては低いという中途半端な状況が起こりうる。間口も同じだ。偶然にも一般的なラーメン構造の鉄道高架の柱間隔はそこに建築を挿入するのにぴったりだが、道路が横断する場所にはしわ寄せが起こる。こういう場所ではその結果奇妙なほど間口の狭いファサードが出現する。

つまり、高架下建築においては、デザインの論理よりも鉄道の論理がデザインを決めているということだ。ぼくはこのことに強い魅力を感じた。都市で何かをつくるというのはこういうことだ、と。考えてみれば、ぼくが追いかけてきた土木構造物ではみな同じ事態が起こっている。工場の造形は熱と圧力、振動などが決めている。ジャンクションは土地収用と交通工学の論理が支配しているのだ。ぼくはこれらを「ままならなさ」と呼ぶことにした。何かをつくろうとする時、デザインの論理を跨いで超えてしまおうとする、どうしようもない事情がある。それを引き戻し、どう折り合い、結果どの

都市の“ままならなさ”(この場合はガード下の高さと形を決める鉄道の事情)によって
出現した高架下建築

ような形となって現れるか。これは「機能美」とは少し違う。機能に従うことは大した話ではなくて、その機能を実現しようとする際に立ちふさがる「ままならなさ」との格闘が問題なのだ。

◎

もちろん家電製品にも「ままならなさ」はある。コストやスケジュールの制約はその最たるものだし、前述の話に代表されるような組織の問題もそうだろう。しかし制約のすべてが格闘すべき相手として魅力的なわけではない。おそらく優れた人間の活動とは、冴えたままならなさの発見と設定にあるのだと思う。そういう意味では、法律が形となって現れているマンションや、流通の論理が形になって現れているショッピングモールなどをどうとらえるべきか、目下ぼくは悩んでいる。

◎

土木構造物は空間的・時間的規模が大きいため、家電製品とは異なる次元の「ままならなさ」を相手にしなければならない。重力、地形、天候・気候、つまり「お天道さま」だ。向かい合うべきままならなさを発見し、引き受け、格闘した後に現れたものへの畏怖と、無言のうちに頭を垂れる心境。土木がぼくに教えるアノニマスデザインとはそういうことだ。

◎

鑑賞側の「アノニマス化」

こういうふうに土木構造物に惹かれ、愛でてしまうのはぼくだけではない。ちょっとググれば膨大な数の同好の士たちのウェブサイトがヒットする。興味深いのは、そういうぼくら「鑑賞する側」のアノニマス性だ。

昨今定着しつつある鑑賞される土木構造物の代表として工場が挙げられる。ときに「工場萌えブーム」などと呼ばれることもあるが、実は「工場かっこいいよね！」っていう価値観とその表現は、少なくとも美術家たちの間では古くからあった。たとえば1910～20年代のロシア・アヴァンギャ

川崎の製油所。形を決める論理の「アノニマス性」と鑑賞者側のそれとが出会う風景だ

ルドの版画にはプロパガンダの一環としてではあるが、魅力的に工場などのモチーフが登場する。工場構造物写真の王様であるベッヒャー夫妻が給水塔や溶鉱炉、採掘塔などを撮り始めたのは1950年代終わりだ。日本では1990年代から多くの写真家によって工場をはじめとする土木構造物をモチーフとした写真集が出版された。

しかしこれらの表現はあくまで「作家」によるものだった。今日の土木構造物の鑑賞方法は、これら90年代までの流れとは異なる文脈から生まれてきている。ネット上のコミュニティからだ。

ネットにおける最初期の工場鑑賞情報共有は、2ちゃんねるの趣味一般板に2001年に立った『*工場・コンビナートを眺めるの好きな奴こーい*』スレで行われた。その後ミクシィ、ツイッター、フェイスブックと、より情報と興味のシェアの手段が増えるにしたがって、工場以外にもダムやジャンクションといったものを愛でる土木趣味の存在が知られるようになった。

ポイントはぼくらが「作家」ではない点だ。少なくとも土木趣味の世界において大御所は存在していない。ぼくらが求めているのは自分の価値観の表明の場と、それに同意する仲間の存在であり、「作品」ではないのだ。

前述したような、対象物としての土木構造物とそれを供給する側の「アノニマス性」と考え合わせると、このSNSによってもたらされた鑑賞側の「アノニマス化」は、なるべくしてこうなったという気がしてならない。ただし、土木をとりまく環境は目下大きく変化しつつある。それによってぼくら側がどう変わるのか変わらないのか。このあと数年間がとても楽しみだ。

大阪の北港ジャンクション。みごとな構造とデザインだが、建築と異なり設計者の署名は入っていない

CDというメディアの葬送
——音楽・マーケット・メディアをめぐる実験

渋谷慶一郎／音楽家
3-2 Keiichiro Shibuya Musician

●サウンドアートと現代音楽

藤村　サウンドアートと現代音楽の違いは何だと思われますか。

渋谷　僕が扱うサウンドアートは〈音素〉が単位で、現代音楽は〈音楽〉が単位です。つまり現代音楽はド・レ・ミが前提になっていて、その組み合わせを考えます。テクノロジーによって誰でも音楽をつくれるようになり、現代音楽がやってきたいわゆる〝実験的な試み〟自体がもう古いんだよと、切り捨てられそうになった時に、いやここに違う可能性があるじゃないかと提示したのがサウンドアートでした。結果、新しいジャンルが担保され、現代音楽的なチャンレンジが生き延びたのです。無駄な延命措置とも言えますが、音響的なアプローチがその後のポップスや現代音楽に与えた影響を考えると、有効だったと思います。僕は今、アコースティックもやるしコンピュータも使うけど、サウンドアートという枠組みが生まれたことによって、やりやすくなったことは確かなのです。

藤村　なるほど、それは建築の状況にもパラフレーズ可能です。石上純也さんのようにアートの領域で活躍する建築家が出て来て、新しい建築のジャンルが担保され、現代建築という瀕死のジャンルが生き延びている感じがあります。

渋谷　とはいえ、藤村さんの方法はそうした美術的な文脈とは違いますよね？　むしろ真逆という印象すら受けます。

藤村　特定の美学が影響力を持っている時にあえて方法をぶつける、という戦略は一定の効果があったと思いますが、美学そのものを否定するわけではありません。むしろ私はコルビュジエのように時代精神を表す美学こそを提示したいと思っています。

マーケットが揺れている時代

藤村　他方で、渋谷さんはマーケットとの関係に対してはどのようにお考えですか。

渋谷　マーケットの規模とその影響は厳密には測れません。数は売れても影響力のないものもあります。歴史的にみると、現代音楽からサウンドアートの時代になって10年ほど経ちましたが、現代音楽ではクセナキスのオーケストラコンサートは満員になる一方で、サウンドアートやそのテクノ化とも言えるエレクトロニカのイベントは、ほとんど客も入らないしCDも売れません。ただ、諸分野との連携という意味では、テクノロジーという共通の言語を持つエレクトロニカ、サウンドアートの方が活性しているように見える。だからマーケット規模とその影響とはイコールではないと思います。

藤村　実際の流通量と影響力にズレはありますよね。ファッションや建築でも同じことが言えそうです。

渋谷　ファッションは典型的にそうですね。建築の場合もそうですか。

藤村　圧倒的に流通しているのは匿名的な、組織型の設計事務所によって設計された建物ですが、メディア上で影響力があるのは顕名的なアトリエ型の建築家によって設計された建築であるという、2層構造が顕著です。典型的なのが東京ミッドタウンのような巨大プロジェクトで、組織型の設計者が設計したヴォリュームの表面のみを、アトリエ型の作家が設計する、というハイブリッド構造がみられます。

●マーケットにさらされること

渋谷　どこにも依存せず、自分のやりたいことをできる状態にしておきたいとは思いますが、同時に、作品をマーケットの意見にさらされる状態に置いておくことも重要だと考えています。例えば〈for maria〉にしても「〈filmachine phonics〉から後退した」という意見もあれば、「そうきたか」とか「今回の作品で初めて知りました」と言う人もいる。ひとつの業界に依存して生きていると、そちらの意見が圧倒的に影響力を持ちがちですが、僕の場合は今、この時やりたいと思った音楽を成立させることが重要で、どの言説に寄与しようという意識はないのです。また実際、ポップスのオファーもありますが、マーケットに自分が振り回される状況かというとそうでもない。「こうしろ、ああしろ」という細かい要求があるならわざわざ僕に頼む必要はないわけですから。僕のカラーがある程度浸透しているからこそ、つまりメディアとマーケットのおかげで実現している状態なのです。

藤村　「孤高のアーティスト」でも「大衆に迎合する」でもない位置にいらっしゃいますね。どちらにも依存しない、という立ち位置を確保するのは難しいと思いますが、その問題意識には共感します。

●モーツアルトの二重性

渋谷　例えばモーツァルトはヒットオペラをたくさん書いた作曲家だけど、彼のオペラは全曲シングル

ATAK015/for maria

ATAK016

ATAK017

ATAK018

ATAK011

ATAK012

ATAK013

ATAK014 "STATION 15, ROOM 3.064" PARTS 1-5

ATAK007

ATAK008

ATAK009

ATAK010 filmachine phonics keiichiro shibuya

ATAK003

ATAK004

ATAK005

ATAK006

ATAK000

ATAK000+

ATAK001

ATAK002

音楽レーベルATAK。

〈ATAK015 for maria Keiichiro Shibuya〉は2009年に発売された初のピアノ・ソロ・アルバム。

全14曲、64分。渋谷自身が作曲・演奏した完全アコースティックのアルバム。

CD/2500円、DSD/3500円、MP3/1500円。

〈ATAK010 filmachine phonics keiichiro shibuya〉2007年発売。

世界初のヘッドフォン専用3次元立体音響CD作品として発表。音がヘッドフォンの中で縦移動する、
前方から自分を通り過ぎるなど、既存のサラウンドでは不可能とされていたテクノロジーを
最大限に駆使して作曲されたサウンドアート作品。CD/2200円

カットみたいなつくられ方なんです。実際、彼もウィーンの街角で自分の曲を人が口ずさんでいるのを聴いて感慨深く思ったりしていた。他方で彼は、クラリネットのような楽器の進化、つまり当時の音楽のテクノロジーに合わせて曲を発表し続けたり、確実にヒットするオペラの作曲を中断して、弦楽四重奏ではなく弦楽五重奏という変わった編成で奏法や調性の拡張のような、今の言葉で言うと「音響的な」実験も自分のためにしていました。当時はCDのような複製技術がないからヒットに必要な条件は、その曲を演奏する楽団や演奏家が居るかどうかだったんです。もっと言えば楽譜が売れるかどうか。彼はそこで楽譜のコピーを予約販売するという、変なこともしていたわけです（笑）。これは今でいうと自主レーベルみたいなものですね。オペラでヒットを飛ばして、他方では新しい音楽を追求する場所を確保するために自分で楽譜を販売するというのは、とても健康的な態度だと思います。これは現在で言えばポップスのオファーを受けて大衆の耳に届くものをつくることと、高音質配信で自分の音楽を好きな値段で売るということを同時にやるようなものですね。

●CDというメディアの葬送 ——音楽史に対する態度として

藤村　ご自身の創作と歴史の関係、あるいは現在性についてはどのように考えていますか。

渋谷　今は音楽のマーケットが揺れていますよね。ATAKというCDのレーベルも2002年から始めたのですが、現在はCDが売れなくなっている、というかメディアフォーマットとしての限界にきている。だからATAKもCDの葬送に付き合うことになると思います。

◎当時から意識していることは、音楽内的発想に回帰せず、コンピュータやその周辺の進化に付き合って音楽をつくっていくことです。それはある程度正しいと思っています。特に1960年代以降、音楽とメディアの関係は緊密になっていますし。例えば、美術館のような組織と音楽の関係や、フルクサス（Fluxus、芸術運動）のような発表形態のラディカリズムもメディアと音楽の関係です。

藤村 今はCDの限界が見えて来たわけですね。

渋谷 その限界が来た時にアナログに戻るという発想を持つのは音楽家と音楽ファンだけですよね。だからアナログ回帰には全く興味がないです。そもそも、パッケージメディアとしてのCDは回転することも丸いことも不自然で、ほぼすべてレコードのアナロジーでつくられたとしか思えない。サウンドアートではそこにフェティッシュが入り込んで白いミニマリズムのパッケージが多くなったり、変型のマルチプルのようなものが頻出したりして様々な流行が起こった。ATAKも最初は狂ったように凝ったパッケージをつくっていたのですが、それはCD時代の最後の花火のような時期とパラレルだったわけで、今思えば納得のいく話です。

藤村 音楽レーベルとしてのATAKはどのような方向に進んで行きますか。

渋谷 レーベルの名前からデータ配信の新しいシステムの名前のようになればいいな、という漠然としたイメージを持っています。音楽レーベルは音楽がモノ化されている時に有効だった概念で、ATAKはCDの最末期にできたレーベルとしてそれらしい活動をしてきたと思います。創作とメディア環境の変化に対する態度は明確にしてきたので、後の時代から見れば理にかなっているはずだと思います。

藤村 CDでまだやれることはありますか。

渋谷 かなり限られてきていると思います。例えば今、透明のプラケースに情報は盤面にしか記述がないような、究極に簡素なCDを小数ロットで出しています。これはCDを買っても中身はすぐコンピュータに入れてしまうのだから、パッケージなんて必要ないということと、とはいえ現時点ではCDというモノにしないと成立しないのだからこのフォーマットを使わざるを得ないという、矛盾した状況のメタファーであり露骨な態度表明です。また、荒川修作さんのドキュメンタリー映画(『荒川修作 死なない子供』)のサントラを制作していて、それは配信ではなくCDでリリースする予定ですが、これは僕が荒川さんの作品をパッケージにしたアルバムをつくりたいからで、こうしたモチベーションは結構、大きいです。それから刀根康尚さんというフルクサスのメンバーで現役最年長とも言える電子音楽家の作品をリリースします。万葉集4000首を全部音響化したもので、実際に聴くと合計2000時間以上かかるものを、こちらはCD-romと1時間を抜粋したCDのパッケージにする予定です。これは実際に彼がCDというメディアを媒介に創作していることと、2000時間分もダウンロードで売れるわけがない、という判断で決めたパッケージですが、CDの葬送としてはすごく適した作品だと思います。

●サウンドアートは特定の環境で体験しなければならないか?

藤村 現代アートはカオティックなものとミニマリスティックなものが絶えず対立してきたわけですが、渋谷さんはご自身の活動をどのように位置づけられますか。

渋谷 僕のサウンドアートやインスタレーションに対するスタンスは、ミニマリズムを前提にして、それを如何に乗り越えるかという所からスタートしています。ただ、問題設定としてそれだけではもう収まらないのではないかと思っています。例えば「アバター」や「プリクラ」のようなアミューズメントは商業的なテクノロジーとして受け手に対する配慮が万全になされ多くの人に親しまれている。他方、美術館での展示の場合、集客数はそこまでシリアスな問題ではないのです。だったら美術館での展示においてはアミューズメントよりも振り切ったものを提示したい。特定のお客さんに与し過ぎてしまうのは意味がないし、面白くないと思っています。でなければ、古典的な美術趣味、最初に話した美学の領域に回収されてしまう。サウンドインスタレーションは倒れるとか失神することと快楽に限りなく接近することで、知覚的リミットを外すような装置をつくらないとまずいと思っています。

藤村　「空間的刺激」を与えることが美術館の重要な役割になってくるわけですね。

渋谷　僕はテクノロジーとミュージアムの関係で可能性があるのは「そこに来なくては体験できない」という意味でサウンドアートだけだと思っているんです。コンピュータでつくった映像作品はコンピュータのウインドウで見るのが最もダイレクトだし生ですよね。小さいコンピュータの画面でつくった映像を大きなスクリーンで希釈してプロジェクションするから物足りなさを感じるわけだし、それを補完するために空間構成があるというのは古典的な美術との折衷案です。だからテクノロジーを使ったビジュアルな作品に関しては僕も参加している「beam me up」(http://www.beam-me.net/)のようなウェブ上のミュージアムをもう少し見直した方が良いと思うんですね。でも、マルチチャンネルや立体音響などは本当にその場所へ行かなければ体験できません。だからその場所でやる意味がある。音に関してはそういった可能性がたくさんあります。次の展示になるＩＣＣでの〈for maria 無響室バージョン〉では音と光による無重力空間をつくりたいと思っています。

[２０１０年５月14日、藤村龍至建築設計事務所にて。
初出：２０１０年10月、ART and ARCHITECTURE REVIEW]

ポリオニマス・デザイン
――匿名性と顕名性の間としての多名性

松川昌平／建築家
Shohei Matsukawa Architect
3-3

◎

●

アノニマスデザイン
⇒ポリオニマス・デザイン

今日、建築の文脈において「アノニマスデザイン」について考えるということは、「ポリオニマス・デザイン(polyonymous design)」について考えるということではないだろうか。

ポリオニマスとは聞き慣れない言葉だが、ギリシャ語の「onyma＝名前」を語源に持つonymousが顕名性を意味し、否定をあらわす接頭詞「an-」を伴うanonymousが匿名性だとしたら、多をあらわす接頭詞「poly-」を伴うpolyonymousは多名性と訳すことができるだろう。

一人の設計者がひとつの建築に署名するか／しないかではなく、ひとつの建築に多様な他者の署名が重層されることによって、結果的に匿名性を纏った建築をつくることができないだろうか。ここではそんなポリオニマス建築の可能性について考えてみたい。

◎

an-onymous

onymous

poly-onymous

● 古くて新しいポリオニマス建築

クリストファー・アレグザンダーは『形の合成に関するノート』(1964)[注1]のなかで、「形とコンテクストを適合させること」がデザインであると定義した上で、その設計プロセスを「無自覚なプロセス」「自覚されたプロセス」「記号化されたプロセス」の3段階にわけて図式化した。

「無自覚なプロセス」においては、設計を自覚していない素人でも、実環境の建物の模倣と修正を通じて、漸進的に形とコンテクストの不適合を取り除くことができる。しかしその継承と修正は物理的な環境で行われるので手間も時間もかかる。不適合の修正という変化を促進する流れと、環境から制約という変化を抑制する流れが、長い時間をかけて「動的平衡(homeostatic)」となった時、そこに多様性と統一性を兼ね備えたアノニマス建築が生まれる。対して「自覚されたプロセス」では、設計を自覚した設計主体が建物に署名をするがゆえに変化のための変化を受け入れ、アノニマス建築を担っていた動的平衡の構造が崩れてしまう。

アレグザンダーは、「無自覚なプロセス」——すなわち実環境の建物を継承・修正していくような試行錯誤のプロセスを最大限に評価する。しかし現代においては「現実の試行錯誤は、あまりにも高価であまりにも遅い」。したがって、その現実世界の試行錯誤をシンボリックな方法に置きかえた「記号化されたプロセス」を提案したのであった。

この3段階の設計プロセスは、それぞれ「匿名性(anonymous)」「顕名性(onymous)」「多名性(polyonymous)」に対応している。しかし多名性とは、顕名性を再否定した匿名性というよりはむしろ、匿名性と顕名性の間を動的に選択できるメタシステムであることに留意したい。情報テクノロジーがもたらしたチープ革命によって、膨大な建築の可能態を実環境ではなく情報環境にストックできるようになった今、新築でありながらも民家のような質を備えた古くて新しいポリオニマス建築のあり方が問われているのだ。

図面の継承によるポリオニマス建築

世界初の設計方法に関する国際会議（1962）において中心的な役割を果たしたJ・C・ジョーンズが指摘したように［注2］、生産行為から試行錯誤が分離されたこと、つまり「手工業的なプロセス」から「図面によるデザイン」へと移行したことで建築家としての職能が成立したのだとしたら、その職能を保持しようとするがゆえに、先人たちの図面を積極的に継承することを妨げてきたといえるだろう。

しかし最近、CADによってデータ化された建築図書一式をインターネット上で公開し、積極的にその継承・改変を促すような試みが相次いで発表された。中川純による「GPLの家」（2009）［注3］と吉村靖孝による「CCハウス」（2010）［注4］である。作品タイトルに付与されている「GPL」と「CC」はともに著作権に関するライセンスの名称である。GPL（GNU General Public License）はリチャード・ストールマンによって作成されたフリーソフトウェアライセンスであり、CC（Creative Commons）は著作権の一部を放棄することでその作品の継承や改変を促すためのライセンスで、ローレンス・レッシグによって提唱された。

リミックスやサンプリングによって派生したソフトウェア、写真、音楽、映像など、様々な分野ですでに浸透しているフリーカルチャーを、建築分野にも適用した意義は大きい。今後、図面をシェアする賛同者が増えてくれば、まさにポリオニマスな建築となっていくかもしれない。しかし以前「CCハウス」についての座談会で門脇耕三が指摘したように[注5]、建築は部分を少し改変するだけでも、全体の安全性や機能性が損なわれるような複雑系である。料理に例えると分かりやすい。建築の完成予想図である図面が「メニュー」だとすれば、建築がつくられる一連のプロセスを表記したものは「レシピ」にあたる。料理をしない人がメニューだけを見てそのレシピを逆算することが難しいように、完成した図面から設計プロセスを遡及的に推論するには高度な専門性が要求される。逆にレシピを書き下すことができれば、アマチュアでもそのメニューをつくることができるだろう。つまり情報環境に公開されるべきは図面だけではなく、その試行錯誤のプロセスなのだ。

● IFCの継承によるポリオニマス建築

そこで注目したいのがIFCである。IFCとはIndustry Foundation Classesの頭文字で、建物を構成する様々な要素を、オブジェクト指向プログラミングに基づく「クラス」として定義した国際的な統一規格だ[注6]。

◎

従来のCADでは、壁や扉は幾何学的な線の集合として表現されてきた。しかしIFCで定義された扉クラスは、その幾何情報だけでなく、どのようなタイプの扉で、どのような材質でつくられ、どの壁と関係性を持っているかなど、実環境の扉の特性が、そのまま情報環境にモデル化されている。オブジェクト指向の最大の特徴は継承である。扉クラスのインスタンス(実体)である扉オブジェクトは、自らをドアとして認識しているだけでなく、その親クラスの特性も継承しているのだ。このように建築を構成する各部分が全体のなかでの自分の関係性を常に保持することによって、その建築が継承・改変された後も、建築として成立不可能なものを未然に排除することができるだろう。

◎

さらにIFCが興味深いのは、オブジェクト・モデルだけでなくプロセス・モデルを定義できることである。建物そのものの情報だけでなく、その建物がどのような経緯でつくられてきたのかという設計プロセスまでをも表現することができる。従来われわれは、先人の残した優れた図面をトレースすることで建築を学習してきた。しかしIFCが情報環境に公開されれば、その建築の試行錯誤のプロセスをトレースすることによって、より深く建築を学習できるようになるだろう。

◎

現状IFCは、DXFのような従来の汎用データフォーマットに変わるものとして、静的なデータ変換に用いられることが多い。しかし今後、IFCが動的にデータベース化され、複数人で並列的に扱えるようなコンカレントなBIMが開発・普及していけば、あらゆる生命がひとつの遺伝子ツールキットから派生してきたように[注7]、IFCという建築の遺伝子が何世代にもわたって継承された建築がつくられるかもしれない。

◎

その時初めて、新築でありながらも民家のような質を備えた古くて新しいポリオニマス建築が誕生するのではないだろうか。

注1 クリストファー・アレグザンダー『形の合成に関するノート』鹿島出版会、1978年（原著*Note on the Synthesis of Form*, 1964）

注2 J・C・ジョーンズ（著）、池辺陽（訳）『デザインの手法 人間未来への手がかり』丸善、1973年（原著*DESIGN METHODS seeds of human futures*, 1970）

注3 中川純（レビ設計室）「GPLの家」http://njun.jp/

注4 吉村靖孝（著）、メディア・デザイン研究所（編集）『吉村靖孝─ビヘイヴィアとプロトコル（現代建築家コンセプト・シリーズ）』LIXIL出版、2012年

注5 吉村靖孝×門脇耕三×松川昌平「CCハウス」座談会 新しい建築の生産システム─実施図面のアーカイブと自由なカスタマイズ（『住宅特集2011年8月号』所収）

注6 IAI（International Alliance for Interoperability）「IFCエンド・ユーザー・ガイドリリース1.5」

注7 ショーン・B・キャロル（著）、渡辺政隆＋経塚淳子（訳）『シマウマの縞 蝶の模様 エボデボ革命が解き明かす生物デザインの起源』光文社、2007年

チームとストリート
——新しいものは都市と集団から生まれる

猪子寿之／チームラボ代表

3-4
Toshiyuki Inoko
CEO, teamLab

藤村　ビジネスやサービスの開発とは別に表現や創作活動を始めたのはいつ頃ですか。

猪子　2001年に創業してすぐです。クリスマス時期の音楽イベントに合わせてライブをストリーミングしてネット上での反応がライブ空間にプロジェクションされるということをやりました。テクノロジーと「文化につながるような何か」にコミットしていきたい、それでテクノロジーとアートを両方やっていこうと思っていたんです。

● Graffiti@Google
——インフラをハックする

藤村　「グラフィティ@グーグル」の制作意図についてお伺いします。いつ頃始められたんですか。

猪子　ある社員が「僕が入った時はもう始めていましたよ」と言っていたから、相当前から取り組んでいたんだけどもう忘れていました。どうやら2007年くらいに始めたらしくて、もう覚えてないんだけど（笑）。

以下、チームラボHPより
“わたしたちは、Googleに絵を描く、人類が洞窟や紙に絵を描いてきたように。

そして、都市にボムしたように、巨大なインフラとなったGoogleにボムしよう。

その新しいメディアでの表現の制限を超えるため、新しい道具と技を開発して。

洞窟や紙の絵が経年劣化するのと同じように、その絵は少しずつ、ネットのなかで消えていく。

それでも、世界中で「今」を共有したい。東京からGoogleにボムする、グラフィティアットグーグル!”

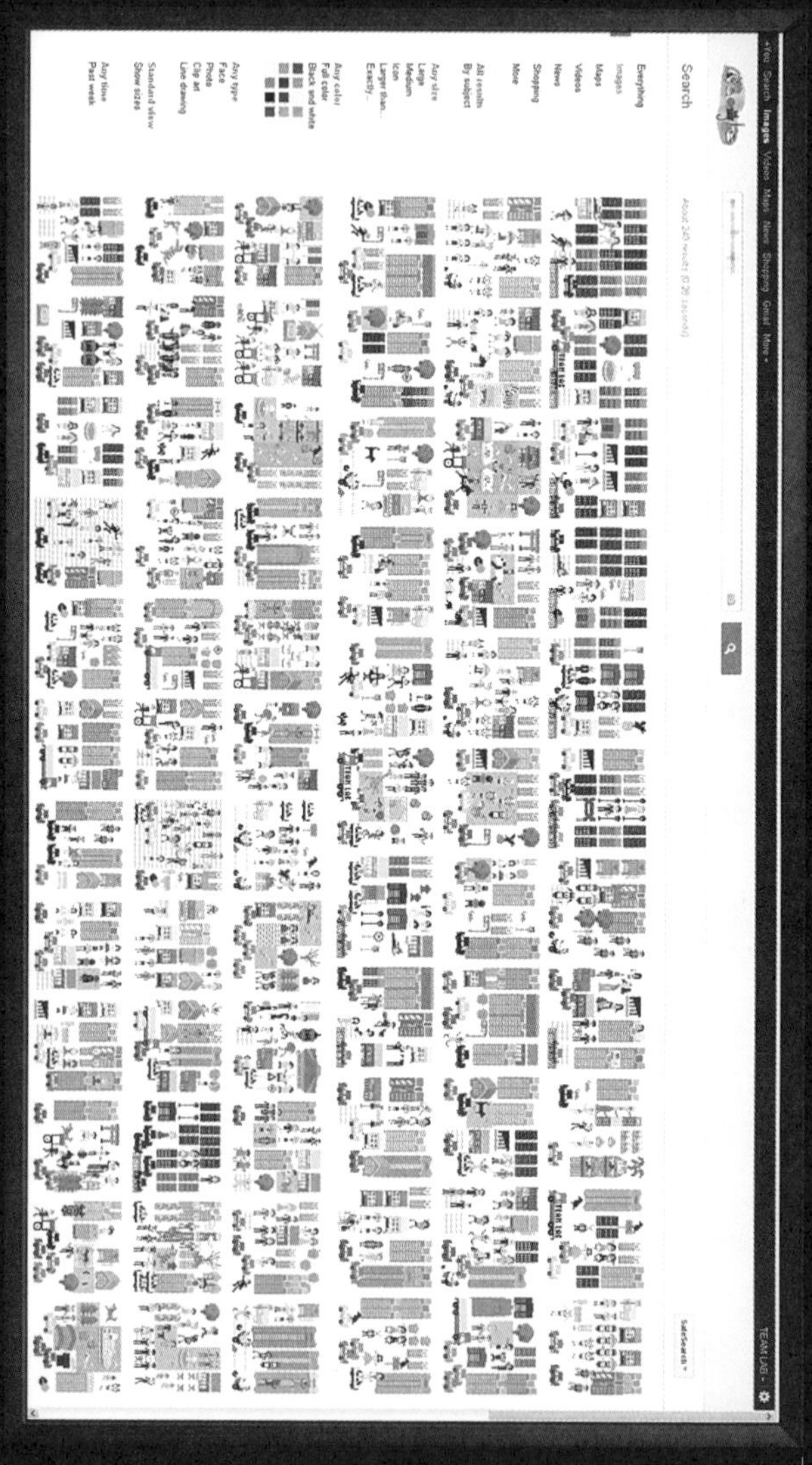

〈Graffiti@Google TOKYO SPAM／2012／オンラインプロジェクト〉。グーグルの画像検索によって格子状に表示される世界中のネット画像を、意図的に配列し、検索結果をキャンバスにしてひとつの絵を描くことを試みた作品。検索結果を決定するグーグル独自のアルゴリズムを逆に利用した

藤村　〈Graffiti@Google〉はグーグルをインフラとして捉え、インフォーマルに占拠するようなイメージがありますが、ハッカー的なモチベーションもあるのですか。

猪子　そうかもしれないです。90年代後半、僕らは20歳くらいで、都市空間は最大のメディアだけど、自分のものとまでは言えなかったじゃないですか。原宿や渋谷にグラフィティする感覚と、グーグルに絵を描く感覚は、相手があまりにも巨大すぎる感じが似ているのかもしれないですよね。

藤村　そういうストリートカルチャーらしいモチベーションと他のビジネスをどういう風に関係づけているのでしょうか。

猪子　ほとんど一緒だけどね。テレビに出ることもハックみたいなものだよね。大事なところでうんこしちゃった、出ちゃいけないものが出てる、みたいな。ビジネスのシーンも、結果的にお客さんのビジネスが成功すれば良いので、僕らが理想と思う方向にお客さんの一部分をハックしている感じ。騙してると言った方が正しいかも知れない（笑）。ビジネスも〈Graffiti@google〉もそんなに区別していないです。

●個人名かロゴか

藤村　猪子さんは個人名よりも「チームラボ」というチーム名を強調されていると感じます。通常、アーティストは個人名を立ててアイデンティティを集約する一方、ビジネスやサービスは集団であることを強調する例が比較的多い。その違いについてはどう考えておられますか。

猪子　アイデンティティとかに全く興味ないんだよね。そんな言葉はこのあいだまで日本人にはない言葉だし。でもまず表面的に分かりやすい方から言うと、僕らのつくるものって、すごく複雑な専門職の組み合わせでつくることが多いんです。色んな

猪子寿之氏とチームラボのロゴ

〈めいどりーみん 渋谷 Cafe & Dining Bar(電脳喫茶☆電脳酒場)/2011-〉。
メイド喫茶チェーン、めいどりーみんの渋谷店[撮影:ただ(ゆかい)]

専門職が組み合わさることで新しい表現ができると思っています。だけど、そもそも一人でものをつくることってあるのかな?

藤村　映画でいうと監督がいたり、建築の場合は設計は集団で行っても最後は一人の名前で発表されますよね。安藤忠雄という名前が出て、その下に事務所のスタッフが20人いて、それと組んでいる日建設計という1000人くらいの会社がいて。それでも最後は「渋谷駅は安藤忠雄が設計しました」と発表される。個人名を立てると分かりやすいし、アイコンが立っていないと組織が動かないという関係があると思います。

猪子　でもオランダで面白い建築をつくっているOMAとかMVRDVは個人名ではないじゃない?

藤村　そうなんです。OMAのコールハースは、ニューヨークのマンハッタンが建築家ではなく委員会制度というチームによってつくられていることに目をつけて、自分たちもそういう風につくると宣言しているわけです。

猪子　グループで目立っていますよね。僕らも「チームラボ」で出たいですよ。僕はエンジニアでもアーティストでもなく統一して「チームラボ代表」の肩書きしかない。テレビもチームラボの一人として出ているつもりです。

藤村　猪子さんからOMAの名前が出るのが面白いですね。顔写真の代わりにチームラボのロゴを使われるところなど、OMAと姿勢が似ているなと思っていました。

猪子　基本的にうちらはロゴを使う方針だけど、ダメと言われたら僕の写真に変える。でもうちの社員が、俺の顔だけだともったいないから背景を合成でロゴにしろと言うんですよ。それで、でかい背景をつくって、プロフィール写真を撮ったら、結果ロゴの方がでかい（笑）。俺の名前に★を付けて「猪子寿之★」というロゴに変えろとも言い出しています。でも実際、個人名じゃなきゃ駄目だと言われる所がいっぱいあって、喧嘩になるんだけど。なんで個人名じゃなきゃ駄目なんだろう。例えばビートルズが個人名じゃなきゃ駄目と言われたら、彼ら怒るでしょ（笑）。

● 会社のこと

藤村　もともと一人で会社を始められたのですか、最初から集団だったのですか。

猪子　集団です。5人で始めました。始めた瞬間から社名の通りチームで新しいものをつくり続ける場をつくりたいと思っていました。チームでラボラトリーで、新しいものを生み続けたい。ストレートな社名だよね。

藤村　東大の計数工学科のご出身だそうですが、もともと情報系の分野を考えておられたのですか。

猪子　高校卒業時にネットに出会って、情報化社会の到来を感じたので情報技術の勉強をしようと。

藤村　その時には起業というイメージもあったのですか。

猪子　そうですね。20世紀的な会社に入るよりは情報化社会のなかで、新しい考え方と仕事の仕方で、新しいものをつくろうと思っていました。

藤村　最終的に猪子さんがリーダーになっていかれたのですか。それとも完全にイコールパートナーシップだったのですか。

猪子　イコールだね。今も単に役割分担だと思っているから、経営には全くタッチしない。そういう会議も全く出ないし、全部任せてます。ものもチームでつくるし、経営もチームでやるから、互いの専門的な能力を組み合わせながらフラットな関係でつくっているし。

● 都市空間から新しいものが生まれるプロセスに学ぶ

藤村　伺っていくと、〈Graffiti@Google〉は最新作というよりはずっと続けてこられた活動が集大成した感じなんですね。

猪子　やっと完成した、という感じです。最初は簡単に考えていたけれど、グーグルも検索アルゴリズムがどんどん変わるのでやり直しがしょっちゅうあって、なかなかうまくいきませんでした。

藤村　墨絵の烏など、日本的なモチーフが割とありますね。

猪子　日本で活動しているので、墨絵を選びました。芦雪がふすまを立てたまま墨で描いたりしてるんだけど、墨がドリップしてて格好良かったりして。グラフィティってスプレーで早く描くからスプレーが垂れてドリップができたりするけど、それが格好良かったりするじゃないですか。あと、烏って都市をスパムしている感覚があるよね。東京をハックしているというか。それらが墨絵の烏を描こうと思った理由です。ネットにもスパムのようなものがあるように、ネットにもグラフィティっぽい所がもともとありますよね。

藤村　やはり都市空間に繋がるんですね。

猪子　文化って個人から出てくるのではなくて都市とか集団から生まれてるよね。それが新しい表現や概念を持っていたりするから結果的にオリジナリティを持っているわけじゃないですか。ルーズソックスって誰が発明したんだ？　という話と似ていて。都市や地域、集団が生んでいるような、もののつくり方がしたいと思っている。

藤村　新しい技術やインフラを前に、まずは文化をつくりたいという思いがあるんですか。

猪子　文化の生成プロセスみたいなものは分からないけど、もしそれを見つけて「つくる」という行為に応用できたらすごいことだと思う。東京からルーズソックスが生まれたり、秋葉原にメイド喫茶がたくさんあるということは、初めはクオリティが低いけど最終的に万人に受けるアウトプットが出てくるわけじゃないですか。そこに興味があります。

藤村　そうするとチームラボの役割はネットから生まれ

〈Graffiti@Google 東京群鴉図／2012／オンラインプロジェクト〉

た文化を洗練させていくというイメージですか。

猪子　いや、やっぱりチームラボから生み出したいよね。面白いじゃないですか、文化って。バンバン新しいものが生まれていた時の東京みたいに、チームラボもそうなったらいいな。新しいものは東京っぽいじゃないですか。その東京っぽさがチームラボっぽいと思った。

藤村　建築でも社会学的な態度で、都市にまず面白い現実があって、そこからものをつくるという考え方がバブルの後から出てきているので、おっしゃることは分かります。バブルまではオリジナリティをプロモーションしてどれだけラディカルなものをつくるか、という議論が主流だったのですが、そういう問題意識を共有しているようで面白いと思います。今回の場合、グーグルが都市みたいだから、そこから新しい価値を生みたいということですか。

猪子　なるほどね。気付いてなかったけどもしかしたらそうかもしれない。みんな安藤忠雄さんやジョブズみたいな天才から学ぼうとする。そこに全く興味がないわけじゃないけど、例えば都市から新しいものが生まれる生成プロセスみたいなものを学びたいなと思っています。

［2012年3月16日チームラボにて。
初出：2012年4月、ART and ARCHITECTURE REVIEW］

3-5

デザイン環境をプログラムする

徳山知永／プログラマー
Tomonaga Tokuyama
Programmer

ポルトガルのプロダクト・デザイナーの友人が学生だった頃の話。デザイン課題の提出画像が一様に様変わりする事があったらしい。その時、教授は生徒自身ではなく彼らの使うソフトウェアがバージョンアップされた事に気付いたという。

◎

今日、グラフィックから建築まで、デザインにおいてコンピュータの存在は欠かせない。その存在は鉛筆やハサミのような単独の道具より、机やキャンバスや原稿用紙といった環境に近く、ソフトウェアもそれらを模してデザインされる事が多い。その上に絵筆やハサミやスペルチェックまでが機能として覚え切れない程組み込まれている。機能が洗練されるに従いデザイン工程との関係はより密接になっている。

◎

私自身、デザインとプログラミングの双方に足を突っ込む者としてこれまで幾つかの建築プロジェクトと市販アプリケーションのソフトウェア開発に携わった。その一部を両者の関係のケーススタディーとしてご紹介したい。

● 2007年 CADソフトウェア開発 石上純也建築設計事務所

約300の柱が林立する空間の設計[注1]のためのソフトウェアのデザイン。その空間の情報量と自由度に対して「何か発明して欲しい」と声をかけて頂いた。設計を産み出すプログラムの開発は、設計そのものかそれ以上に困難だろう。ここでは優秀な設計者は既にいたため、彼らがデザインを解決する手助けとなるプログラムを目指した。

当初は、市販のCADソフトでは柱の位置や角度ひとつを変更するにも手間がかかる、もっと効率的にならないか、程度の相談だった。その時は既存ソフトへのプラグインか何かを前提にされていたようだったが、作品に固有のCADソフトをゼロからつくった方が、つまり機能を追加するのではなくキャンバスからつくった方が作品の特殊性に見合うのではとプロトタイプをつくったところ、話が広がった。多数の柱の同時編集に特化したインターフェイス、多視点からのパース表示、統計と(例えば「3本以上隣接している柱」などの)検索、構造解析など、設計フェーズが進むごとにバージョンアップされ、最終的にはアイコンまで付した。当ソフトはドローイングや模型に並ぶ設計の道具として不可欠だったと伝え聞いた。

◎

CADソフトをつくるのは簡単ではないが、対話を通して最も必要とされている要素を挙げ、逆にそれ以外は「平屋しか扱わない」「柱しか扱わない」と条件を設定し、一人で手に負える範疇に落とし込んでいく。オブジェクト指向のプログラミングでは幾つかの属性(位置、サイズなど)をもつ柱クラスとその取扱いを用意すれば、後はコピーが300本だろうと30万本でも同じである。ある要素のバリエーションが大量に存在する建築はソフトウェア開発向きだったのかも知れない。

◎

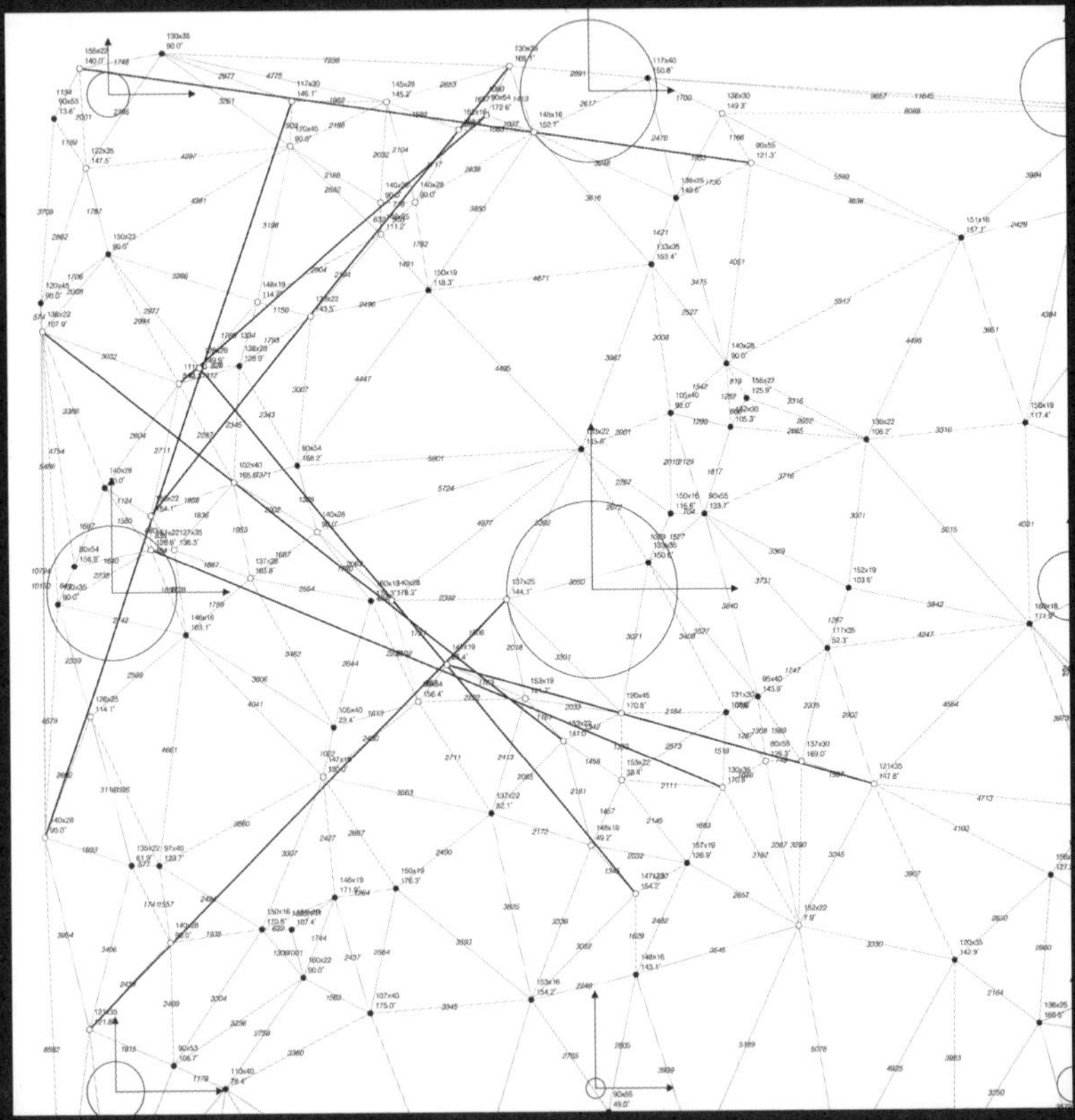

柱のコンポジションのためのCADソフトウェア（ダイアグラム）
〈KAIT工房／設計は石上純也建築設計事務所〉

2008年 CADソフトウェア開発
隈研吾建築都市設計事務所

約350のガラスパネルが波打つように配置されたファサードの設計[注2]のためのソフトウェア。情報の取り扱いは前述のソフトと同様で、柱クラスの代わりにパネルクラス(属性は方位角、仰俯角など)を扱う。一方インターフェイスは、平面図＝2Dベースではなく、3Dベースとした。そもそもパネルが様々な方向を向いているため、立体的に把握しないと意味をなさなかったからである。作業量からの判断もあるが、写実的でリアルな3Dは目指さなかった。空間的体験とスクリーン上の映像の間には超えられない壁がある。そこで表現はワイヤーフレームなどあえて抽象的に留め、ディテールはユーザーの脳味噌の想像力に頼ってしまった方が設計の感覚としては丁度良いのではと考えていた。白模型が想起するリアリティに近い。動作が軽快になる点も、健康的なスタディには欠かせない。

写実的な表現とは逆にデフォルメ化は前ソフトから取り入れていた。属性(例えばパネルの角度)を、縮尺を操作する事で大げさに表したり、サーモグラフィのように色付けするなどだ。これらも映像と空間の知覚の差異を補うための努力である。設計するうえで「気になる点」はプロジェクトごとに違う。それを受けて誇張(積極的な不正確さ)を加えられるのは専用ソフトとしてキャンバスからつくるからである。テクノロジーの発達により入出力装置と方法は増えており、どう表現するか、そしてどう操作するかの選択肢は益々広がっている。

2010年 iPadアプリケーション開発
EIJI AND TOM

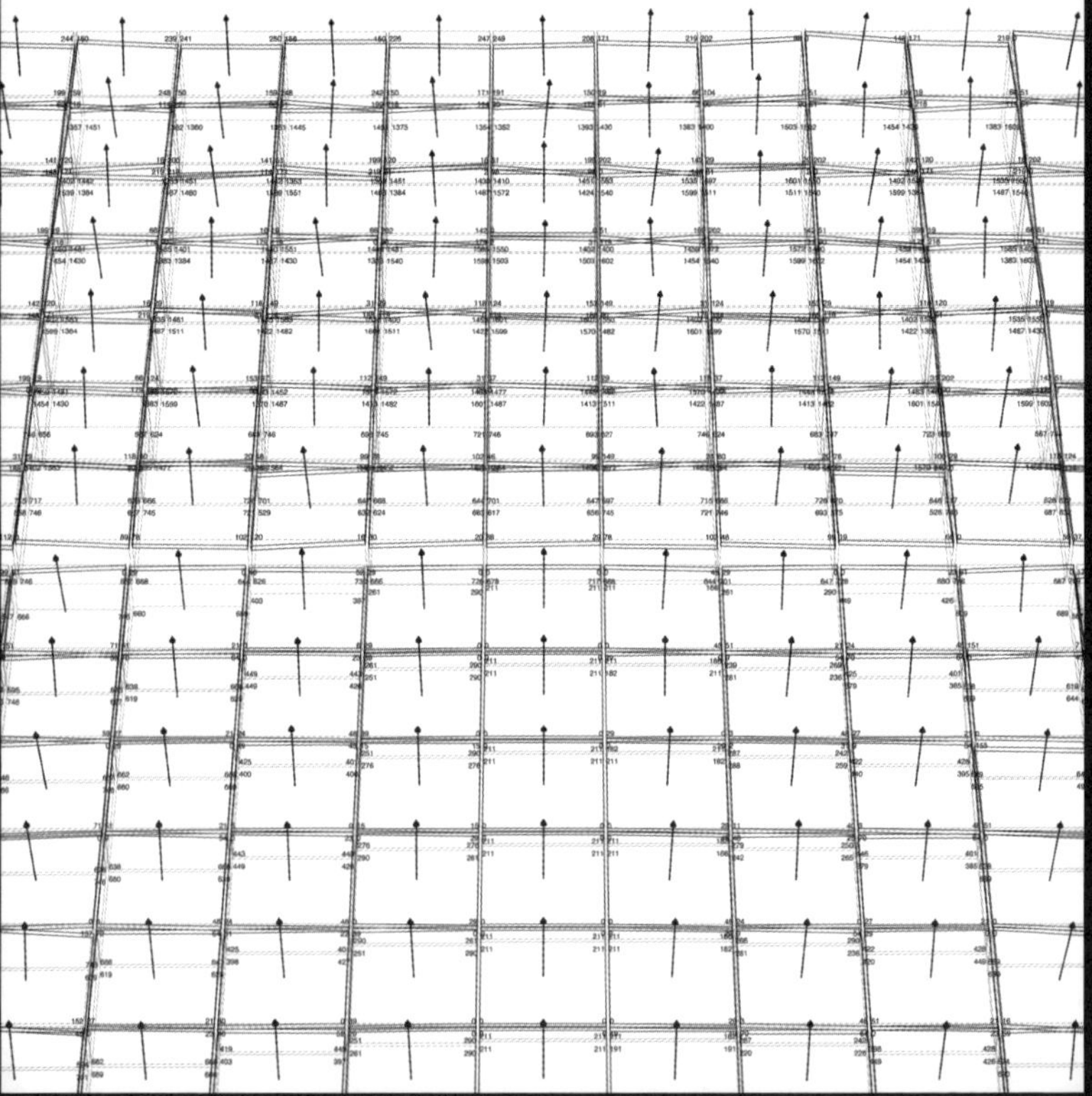

パネルのコンポジションのためのCADソフトウェア(ダイアグラム)
〈ティファニー銀座店/設計は隈研吾建築都市設計事務所〉

iPad用のフォント作成ソフトウェア［注3］の開発。表示される文字を指でなぞっていくと例えばアルファベットなら、ものの5分で自分の筆跡フォントがつくれる。筆跡の固有性とタッチ・スクリーンを上手く結びつけ、それまで敷居の高かった書体デザインの分野を身近にした。

◎

他のCADソフト同様に万能ではなく、例えば端正なヘルベチカはつくれない。時間的制約もあって機能を絞り込んだが、それがソフトの本質をより際立たせる事も多い。この場合は一見して目的と使用法が分かるインターフェースに繋がり、既存の高度なソフトとの対比を明瞭にした。

◎

ユーザーがフォントを公開できるオンラインのギャラリーには、遊び心に溢れ過ぎてほぼ読めないものも含め、多様なフォントが溢れる事となった。デザインの道具として、シンプルでありつつ生産物の幅を限定しないのは重要だ。また、このソフトによりプロのフォント・デザイナーが不要になる訳ではなく、裾野が広がったのである。多くの人はつくったフォントを使うことより、むしろ創作過程そのものを楽しんでいるように思われる。

● 2011年 CADソフトウェア開発 Studio Han Design

高速道路のトンネル壁面に貼られるタイルの配色をレイアウトするためのソフトウェア。安全と景観上の観点からトンネルにデザイン的要素を加えるという、デザインと土木の境界で仕事をするクライアントのプロジェクト。走行する車からの見栄えを考えるため、視点が常に動いており、時間軸の存在が前提となる点が通常のCADソフトと違う。

◎

配色の編集については、1枚のタイルを1ピクセルとすると殆ど既存の画像編集ソフトでできる操作（塗り、コピー、色の置換など）だったため、ピクセル

iFontMakerユーザーによって作成された愉快なフォント群

の集積であるビットマップ画像でレイアウトを管理し、他ソフトにアウトソースした。結果的に当ソフトはそのレイアウトを3Dに起こし、疑似走行できるドライビング・シミュレータに近いものとなった。描画についてはここでも視覚的写実性より、運転時の空間感覚を再現するように工夫した。具体的には残像効果や車体の揺れなどを取り入れた。不動が基本の建築と対照的で新鮮だったが、道路の勾配やカーブがデザインの決定に重要だったため、その忠実な再現には苦労した。

デザイン環境のデザイン

今度はフランスのイラストレーターの話だが、あるアニメーションの背景として来る日も来る日も空と雲を描き続けたことがあったそうだ。今でも良い形の雲を見ると癖で脳裏に焼き付けてしまうらしい。もしコンピュータがこの美しくも忍耐の伴う仕事を手伝うとすれば、様々な雲のタッチの絵筆を備えた便利なお絵描きソフトか、雲の絵を自動生成するプログラムを発明する事である。一般に前者の方が簡単なため、尋常な量しか必要でなければそうしてイラストレーターの仕事を能率化するのがいいだろう。そうでなければ、たとえ最初に時間がかかっても後者を試す価値はある。一度できてしまえば一人のイラストレーターの手助けなく、無尽蔵に手に入るのだ［注4］。ただし人が描くように、要求に柔軟な成果を出せるプログラムをつくるのは容易ではないから、判断基準は量のほか質の要求にもよるだろう。

ここで挙げたデザインのためのソフトウェアは明らかに前者だ。これらの建築は大量生産どころか場所にユニークである事に意味があり、手描きフォントは自分で手づくりする過程に意味があったからだ。よってデザインの内容については作者に任せて立ち入らず、プラットフォームとしてあくまで手段や過程にコミットする。

◎ 最終生産物の優劣は手段によって決定されないが、優れた手段は生産物の可能性をより多様にする［注5］。そこでソフトウェアを介してデザイン環境に携わる際には、創造に少しでも多くの選択肢（と楽しみ）を与える手助けができればと心掛けている。

注1 KAIT工房

注2 ティファニー銀座店

注3 iFontMaker

注4 オートメーションは日進月歩であり「雲の絵を自動生成するプログラムを発明する事」が自動化されるのもそう遠くない。つまり雲の写真を数枚見せると雲の絵を生成するプログラムを生成し、森の写真を見せると森の絵を生成するプログラムを生成するプログラムが手に入るだろう。するとイラストレーターだけではなくプログラマーも雇わずにすむ。但し質の問題はつきまとう

注5 テクノロジーによりデザインは進化も退化もする。B・ムナーリの楽しいエッセイはデザインと時代性への示唆に富んでいる。「デザイナーの関心は、物自身とその使用目的によって自ずと導きだされる解決に到達する事である。それらは異なる使用、異なる素材、用いられる技術によって決定され、異なる物は異なる形を持つ」または「…（今日の技術を）受け入れ、知り、使うと言う事は…今日の言語で自らを表すと言う事である」Bruno Munari, *Design as Art*, Penguin Books

ゴーストから ヴィジョンを立ち上げる

スプツニ子!/アーティスト+濱野智史/情報環境研究者

Sputniko!
Artist
Satoshi
Hamano
Media
Researcher

3-6

● 問題を提案する、ドラディカルデザイン

スプ　ロンドンの大学で数学部を卒業後、RCA(Royal College of Art)◎というアートの大学院で、テクノロジーと人間の関わり方を考えるデザインインタラクションコースに在籍しました。私は、テクノロジーと文化の関係をポップに分かりやすい切り口で発表し、ウェブベースで作品をYouTubeにアップしてコンセプトを広めています。それは、問題解決とか、マーケットが求めるものを出すのではなく、問題を提案するデザインのことで、「ドラディカルデザイン=ラディカーレ+ドラえもん」と名付けています。

たとえばドラえもんの「どこでもドア」は空間、時間、プライバシーに「?」を投げかけ、起承転結がしっかりしていて、オチがある。そのオチをなくして読者に最後のところを考えてもらうのが「ドラディカルデザイン」です。「起・承・転」までで終わりです。

〈google の歌〉。
スプツニ子!がRCA在籍中の課題で制作した作品

◎〈生理マシーン、タカシの場合。／Menstruation Machine, Takashi's Take.〉は、生理を身にまとってしまいたい男の娘（コ）の話です。生理に詳しい先生に話を伺い、女性の精神状況や血液の量などを綿密に計算してデザインしています。

◎この映像を、ギャラリーに置くだけではもったいないと思ってYouTubeにアップしたところ、海外のネットメディアで「日本で生理を体験できるマシーン開発！」と、取りあげられ、1週間で10万ものアクセスがありました。「日本人はハイテクだけどちょっと変態」と思われたようです。ギャラリーでは一部の人しか見ないけれど、YouTubeだと世界中の人が見て反応してくれたのがすごく嬉しかったですね。

◎ドラディカルデザインは想像を促し、未来を描くことでもある。原発事故で明るみになったネガティブな要素は、もともと議論する要素がこれまでにもあった。デザイナーはもっと前に考えて議論すべきだったのかもしれない。そういうことが明るみに出てきた今、未来を描くことはとても大切だと思います。

● 想像を促し、ヴィジョンを描くこと

濱野 〈マシーン〉が面白いのは、日本のオタクがやりかねないスレスレな性的倒錯だけど、実はジェンダーの超えられない差を、マシーンで身体を直接イジることによって乗り越えようとしているところです。ジェンダーの壁は、普通はフェミニズムのように小難しい理論で乗り越えようという話になるわけですが、これは身体という動物的な次元で突破しようとしている。それがいいと思うんです。

◎そしてこれは日本ならではの「得意」なやり方だとも思います。日本ではフィクションと現実の境目が薄い。ネットとリアル、2次元と3次元の間の

〈生理マシーン、タカシの場合。/ Menstruation Machine, Takashi's Take.〉

壁が薄い。ツイッターでこれだけ「ボット（Bot）」がウケるのも、バーチャルアイドルの初音ミクのライブコンサートで、あたかもそこに本当にミクがいるように人々が熱狂できるのもそう。でも、それは裏を返せば、真面目な政治的議論には不向きともいえる。

◎ 3・11の直後は、ソーシャルメディア上で盛んに被災地支援の呼びかけが広まり、それまでネタ的コミュニケーション一辺倒だった日本のネット空間でも、公共心に満ちたコミュニケーションの輪が広がりました。それは日本でもネタ的方向から公共性に向かっていけるのかもしれない、という期待を抱かせてくれた。でも、その後原発問題をめぐっては、危険厨と安全厨と呼ばれる人々のあいだで、不毛な罵り合いが見られ、理性的な議論が成立しなくなっている側面も強まっています。

◎ 日本で、SNSのようなコミュニケーション・インフラを通じて、民主主義をアップデートしていくにはどういうアプローチがあるのでしょうか。

スプ　私はSNSで作品をつくりますが、匿名ではなく、私という先導者がいる。ニコニコ動画は面白いけれど自分とは違う。ツイッターでは、ヴィジョンを持って私が引っ張っている。〈Open Sailing〉という作品では、インターネットを使って、ユートピアをオープンソース化しました。フェイスブックやフリッカーを使って、一般の人に都市を考えてもらうプロジェクトで、「海で住もう」というテーマだけを与えてどういう農業をするか、料理をするか、それぞれの分野で議論しています。

● ヴィジョンと空気の背後にある格差問題

藤村　1960年代までは日本でも未来都市のヴィジョンを描いて人々をリードしていたけれども、1970年代からヴィジョンを描かない流れにな

〈Open Sailing〉

り、空気みたいなものが支配してきました。

濱野　日本人はヴィジョンではなく空気に支配される。これまでさんざんいわれてきたことです。メタボリズムは例外的に成功した「ヴィジョン」ですが、それでも時代の空気を背景にしていたと思う。僕は社会科学の言葉でいえば「機能主義」——要は「機能」すればなんでも良い——の立場をとります。たとえヴィジョンではないとしても、あたかもヴィジョンがある「かのように」働く機能的等価物があれば、それでいいと思うんですよ。

◎

2011年、中東ではSNSを通じた革命が起きました。ロンドンではSNSを通じて若者が暴動を起こした。前者は「独裁政権を倒す民主革命」ですが、後者は「単に若者がむしゃくしゃして暴力に訴えた」だけに見える。でも、SNSが若者を連鎖的な行動に仕向けたという点では同じことが起こっている。どちらも、要は「ソーシャルゲーム」のように、友達に誘われたから、ちょっくら街の広場に繰り出すわ、というレベルのコミュニケーションの連鎖が、大きく社会を揺るがす運動になっているわけです。

スプ　両者ともSNSを使っていたけれど、ビジョンとは違うように感じます。ロンドンの暴動はビジョンレスで、暇つぶしです。仕事をしていなくても手厚い生活保護で生活できる人たちがいる。そういうクラスタがイギリスにあり、すさまじい格差社会がある。きっかけはプロテストだったかもしれないけれど、空気が共有されて炎上、飛び火していた。

濱野　だから今や、世界的にみても、ヴィジョンが世の中を動かすわけじゃない。友達とつながっていることが、次々と連鎖して革命なり暴動なりという形で表出しているだけのこと。日本を変えるのであれば、これと同じプロセスを使わないといけない。ヴィジョンがなくていいとは思いませんが、少なくともこうした動員プロセスとセットにしないといけない。

◎ 日本では、どういうヴィジョンである「かのような」リソースがありうるのか。批評家の村上裕一さんは、『ゴーストの条件――クラウドを巡礼する想像力』という本のなかで、「初音ミク」や「やる夫」といったネット上での人々の集団的な創造性を強くドライブする存在を「ゴースト」と呼んで分析しています。日本では「ヴィジョン」の機能的等価物として「ゴースト」こそが有望なのではないでしょうか。

藤村 日本でも格差社会が顕在化していくことは明らかですね。日本の将来像は、格差社会を考えることにある。『東京から考える――格差・郊外・ナショナリズム』(東浩紀・北田暁大)では、足立区から格差社会を考えています。ヨーロッパの現代の状況から何を学べるでしょう。

濱野 日本がイギリスのようになるかどうかはまだ分かりませんが、日本では人種格差よりも世代間格差が大きな問題になっている。高齢者のように身体的レベルで弱者たりえる階層への再分配は手厚く機能してきた。それはいいことだと思う。ただ、「失われた20年」において出現した、新たな弱者・貧困層への再分配はうまく機能していない。今はまだ日本の若者はそこそこ幸福に暇つぶしして生きているから、中東やロンドンのように蜂起する若者はいないけれど、このまま放置していれば、時間の問題ではないでしょうか。

スプ ロンドンの暴動には移民問題があります。足立区で育った人は足立区の文化があるけれど、ロンドンの移民は、ロンドンの文化とも母国の文化とも断絶されてしまっている。英語がうまく話せない、元の国から分断されて宗教も元の文化もないしロンドンに馴染めず、何のアイデンティティもない人間になってしまうから動物化してしまうのだと思います。

●融合型コミュニケーションの可能性

濱野　それは人間と動物が明確に峻別された社会です。でも日本では、なんとなく若者もニコ動でN次創作（濱野氏の造語。起点となるコンテンツを要素として派生作品がつくられる、その連鎖が続くこと。動画投稿サイト、ニコニコ動画で顕著に見られる）に参加したり、被災地にボランティアに行くなり、自己承認が満たされる機会がある。だから日本が動物化しているといっても、人間と動物があいまいに混ざった社会といえる。AKB48が面白いのは、まさにそこです。推しメン（一押しのメンバー）を決めると会話が成り立ち、なんとなく知り合いになり、コンテクストが共有できる。決して人間的なコミュニケーションとはいえないかもしれない。でも、ただアイドルにハマるという動物的振る舞いを通じて、かろうじて人間的なつながりを形成するきっかけを得られる。人間／動物融合型のコミュニケーションとして可能性があると思うんです。

◎

スプ　なるほど。AKB48が、良いコンテンツかどうかは分からないけれども、システムは優秀ですね。私が融合型コミュニケーションに関して言えば、私が展示しているMoMAでは2つの世界や人が分かり合うようなデザインで展示しています。移民問題もそうだし、いろいろな価値観を持った人たちの生活のなかで重要になってくると思います。

●ゴースト的にヴィジョンを立ち上げる

スプ　ヴィジョンとゴーストのバランスのとりかたでいえば、私の制作は完璧にヴィジョン的です。ヴィジョンを持った私が短期間で人を集めて作品を発表する。ゴーストはもう少し長期的に行われる。だからムーブメントができてきたりする。ヴィジョンとゴーストを合わせられると大きなムーブメントにできるでしょうけれど、なかなか難しいですね。

濱野　そうですね。難しい問題だと思います。日本で

は、2ちゃんねるにしてもニコニコ動画にしても
AKBにしても、所詮はサブカルチャーであって
政治的には関係ないので、暴動のようなクリティ
カルな「ムーブメント」には繋がらない。あくまで
「無意味」な消費活動の次元にとどまっているか
らこそ、みんな安心してハマることができる。逆
にいえばニコ動やAKBに没入できるからこそ、
日本では若者が革命も暴動も起こさずに済んでい
るともいえる。僕が以前、「初音ミクが選挙に出れ
ばいい」とむちゃくちゃなことを発言しましたが、
それはそういう状況をぶちこわしたくて、半ばヤ
ケクソ、半ば本気のつもりでいったのですが、今
もそれは変わっていません。

スプ　ロンドンの友達に日本の政党のキャラクターを見
せた時にびっくりされました。日本の政治はキャ
ラ戦争になっているのか？ と。それが面白くもあ
り怖くもあります。なんとなくのゴーストで、あ
る政治思想に傾けることができるかもしれないと
考えれば、スペクタクルと政治の関係はありえる
かもしれませんね。

藤村　ゴーストに関して言えば、田中角栄の列島改造論
は官僚たちのアイデアの集大成であって、下から
上がってきた話を掬い取って、地方農村救済とい
う理論を被せることでゴースト的に立ち上がって
きた理論をヴィジョンとしてパッケージしたとも
いえます。そういう見方をすれば、3.11以後どう
いう復興計画をしていくのか、95年の震災以後の
10年の蓄積がどう影響するのかを考えた時、ボト
ムアップなコミュニケーションのなかから、ゴー
スト的にヴィジョンを立ち上げていくことは、日
本列島の将来像を考えるうえでリアルにクリティ
カルになってきていると思います。

［2011年9月23日、大阪・名村造船所跡地にて行われたトークイベント「LIVE ROUNDABOUT JOURNAL in DESIGNEAST02」にて収録。

初出：2012年1月 ART and ARCHITECTURE REVIEW］

インターネットの風景を描く

梅沢和木／美術家
Kazuki Umezawa Artist

3-7

●実在しないもののリアリティ

美しい風景に人は感動する。それはなにも悠久な大地や大海原など大自然に限らなくても良い。例えば何かの飲み会で終電を逃して気の置けない友人たちと夜通しはしゃぎ疲れたあとの帰り、ひとり始発に向かい歩く途中で灰色のビルの隙間から除く群青とオレンジの極彩色のグラデーションの朝焼けがふと目に飛び込んできて感動したりもするだろう。これは都市と自然の風景の急な例だが、虚と実で言うならビルも空も実在する。虚の例、実在しないものとして私はネットやデジタルを挙げる。それらが現代における風景、人が見ているもの、意識にどう影響しているのかに私は興味がある。

自分の作品の話からさせていただくと、私はネットに流通している膨大な量の画像をコラージュしてイメージをつくっている。それらの多くはアニメやゲームのキャラクターの画像である。髪の毛がカラフルで、目が大きく描かれているそれらの背後には様々な感情、愛憎や欲望が渦巻いている。表象に載っているグラフィカルな部分と、奥に潜んでいるたくさんの人間の欲望ごとバラバラにして再構成する。それが私が見ているネットの風景そのものだ。私はそういった大量のキャラクターや欲望がカオスに混ざっているネットに魅了される。

◎

身近なネットの話をすると、例えばミクシィが流行る前、携帯電話で熱心にスクロールを続けてカチカチボタンを押す人間は多くなかった。それがツイッターやフェイスブックという単語がテレビで出てくるようになり、スマホやタブレットのCMが増えるようになると、自分のタイムラインを電車の中で凝視し続けるOLが居てもなんらおかしくない光景となった。これは2、3年前のツイッターが流行る前でもまだ一般的でない光景だ。

◎

電車の中というのは不思議な空間で、どんなに混んでいてもそれぞれの個人的空間を確保するべく、各々が妥協し合っている。7人がけの席で余裕のない状態でも、携帯電話や化粧などそれぞれの個人的な行動を仕切りがあるかのごとく別個に淡々とこなしている。こういった儀礼的無関心が限りなく高度なレベルで作用している満員の車内で、ふと前の人間が操作している携帯電話の中身が見えてしまう時がある。事故なので、一瞬見えてしまっても見なかったものとして処理するのだが、なかなか忘れられないような強烈なものを見てしまうことが多々ある。それは過激なアダルトサイトであったり、ややマニアックな趣向のサイトである場合なのだが、なんでもない風景として見ていた人間の内の一人からいきなり脳内のややコアな部分をあてられてしまい、困惑する。意図的かそうでないかに関わらず、ネットの浸透とデバイスの発達は個の情報を広げる。こういった環境の変化は風景という概念そのものに変化を与えるだろう。

◎

重要なのは今まではコアだったネットの情報が持

〈とある人類の超風景Ⅱ〉展示風景

ち歩けるレベルで気軽に消費されるようになった点だ。それこそ情報はこれから空気のようになっていくだろう。しかし、現在の我々が想像しうる「情報」は自分たちの想像力の枠組みを越えない。友達をとった写真や自分の書いたブログの文章などが携帯電話やスマフォを通してやり取りされることは理解できても、その次の世代のデバイスがどのようなものなのかは分からないのだ。

●保存される記憶、溢れる感情の風景

少しズレるように見えるが、死について考える。私は死ぬことを常に恐れている。それは死によって引き起こされる痛みや苦痛が恐ろしいのではなく、誰でもない自分自身という認識が完全に消えてしまうというそのことがとにかく恐ろしいのだ。情報のデジタル化は、人の記憶を保存することが目的のひとつでもある。エジプトのピラミッドのミイラは永遠の命を求める目的で保存されていた。ある種、完璧な情報デバイスとして、身体とその周りの情報が残されていれば復活が可能だという考えをもとに豪華な宝石や黄金に加えて様々な彫刻やオブジェ、絵が一緒に保存された。3千年以上前のエジプト人がそれらを王の身体と一緒に埋葬した理由は生き返った後お金に困らないようにというのと、記憶を未来へ持っていくことだ。生き返った王が記憶を失っていたとしても絵や彫刻を見て思い出すよう、王家の家系図、従者の関係図が当時の絵柄によって丹念に描かれた。当時、彫刻家は「生かし続ける者」と呼ばれていた(『美術の物語』E・H ゴンブリッチ、p.50)。造形することや絵を描くことが記憶を引き継ぐ重要な仕事として、呪術的な強い意味あいを持っていたのだ。エジプトの時代に比べると現代において記憶の扱いはとてつもなく気軽に増殖可能なものになった

といえる。しかしそこでテキストや写真をＳＮＳで複製し続けた所で人が不老不死になるわけではない。自分が認識する自分以外は自分ではない、という独我論は今までさんざん議論されてきたが、ここ数年のＳＮＳの普及によって独我論に対する人々の意識は少し更新されたのではないだろうか。渡辺浩弐の「死ぬのがこわくなくなる話」はツイッター小説という形式を取りながら実験的な踏み込み方をしている。作中では、死者のアカウントやブログについてたびたび言及している。有名なのは飯島愛のブログの最後の記事だ。彼女が２００８年12月5日に投稿した記事、「すごい人だったよ。」(http://ameblo. jp/iijimaai/entry-10173713884. html)は写真が2つと数文字の文章しか載っていないが、コメント欄は現在も絶えず彼女のファンたちが書き込み続け、その数は7万件に達しようとしている。書き込んでいる人らは名前こそ表記しているものの、飯島愛に興味を持っている人間である以外はほぼ何も分からない。ただその内容のいくつかは非常に切実で、個人的な性や愛や死に関する悩みが書き込まれ続けている。誰でもない誰かの言葉が永遠に流れていくようで、そこでは飯島愛という存在が一部の人間の間でだけ生き続けているようにも見られる。彼女の存在は古代人が想像もしなかったような形で残され続けている。

◎

ネットの特定の部分には特定の層の人間の感情が溢れている。飯島愛のブログのコメント欄の例は私が興味を持っている層とかなり離れた層だ。私は主にアニメやゲームのキャラクターの画像が多く載っているサイトをよく見ている。前述のとおりそれが私にとってのネットの風景だ。しかし、私以外の人にとってのネットの風景もあるのだ。何かのはずみで他人の風景と自分の風景が重なりあうような瞬間、それは現実の美しい風景以上に驚きやショック、感動をもたらす。それは知らない方が良かったと思うような他人の内面かもしれないし、人を傷つける可能性もあるだろう。しかしそれはネットに限らず、人間同士のコミュニケーションの本質でもある。私は冒頭でネットやデジタルを虚の例、実在しないものとして挙げたが、そこで描かれる様々な人間の感情の地図はリアリティがあると言わざるを得ない。それぞれの

◎

異なる風景の集合体をイメージとして紡ぎ合わせて作品として残すことが、私なりの未来への記憶の残し方だ。そういう意味ではミイラもアカウントも作品もデバイスだと言える。

美しい風景に人は感動する。時代によって風景のあり方は変わっていくが、感動を受けて何かしらの形で残したいと思うことは変わらないのだろう。

開催(2012)。シンガポールの国際アートフェア「Art Stage Singapore 2013」にて、新作〈Nirvana〉を発表(2013)

www.team-lab.net/

3-5｜**徳山知永**［とくやま ともなが］

1984年東京都生まれ。プログラマー。FABRICA(伊)インタラクティブ部門を経て、パリ在住。池田亮司〈test pattern〉〈the radar〉等インスタレーション作品や磯崎新のヴェネツィアでの展示の映像、隈研吾〈Tiffany Ginza〉や石上純也〈KAIT工房〉へのCADソフト提供、高橋慶太との〈Web Web Boy〉作成等

3-6｜**スプツニ子!**

1985年東京都生まれ。アーティスト。東京・ロンドン在住。ロンドン大学インペリアルカレッジ卒業後、英国Royal College of Art大学院修了。主な展覧会に「東京アートミーティング トランスフォーメーション」(東京都現代美術館、2010)「Talk to Me」(ニューヨーク近代美術館/MoMA、2011)等

3-6｜**濱野智史**［はまの さとし］

1980年千葉県生まれ。情報環境研究者。慶応義塾大学大学院、国際大学GLOCOM研究員を経て、日本技芸リサーチャー

3-7｜**梅沢和木**［うめざわ かずき］

1985年埼玉県生まれ。美術家。武蔵野美術大学映像学科卒業。2010年に「カオス*ラウンジ2010 in 高橋コレクション日比谷」や「破滅*ラウンジ」等の展示に参加。2012年に個展「大地と水と無主物コア」を開催。CASHIおよびカオス*ラウンジに所属

［カバー及びP238-239装画］

執筆者の作品画像で作成したコラージュ
〈リアル・アノニマスデザイン〉制作/梅沢和木

作品画像一覧［画像内容――**提供者**］

- 真鍮スプーン、真鍮ボウル〔大・中・小〕、墨染め座布団〔麻〕、丹波布スカート〔手紡ぎ・草木染め・手織り〕、六角まな板〔ひのき〕――**石井すみ子**
- 愛のパッドデザイン――**清水久和**
- EIGHT BRANDING DESIGN――**西澤明洋**
- Coiney (sketch&photo), MICO (sketch&photo), pomat, Interactive Digital Signage, NS_Cane, Interactive Share Table, HIKARI Tree――**久下玄**
- Arborism, HK gravity pearl, The moon, Waterful――**NOSIGNER**
- boxhouse141, kamaishibox2, kooriyamabox――**難波和彦**
- 佐賀「わいわい!!コンテナ」プロジェクト――**西村浩**
- ハウスT模型、みずのき美術館、和水町立三加和小・中学校設計業務公募型プロポーザル模型、中之島新線地下鉄駅コンペティションイメージ、代官山T-Gardenコンペティション模型、ハウスK模型、ハウスO模型、市原市水と彫刻の丘プロポーザル模型、浅草文化観光センターコンペティション模型、JIN眼鏡、工学院八王子キャンパス総合教育棟プロポーザル模型、前橋美術館コンペティション模型、仙台ショールーム、(仮)七ヶ浜中学校(小中一貫校構想)模型、十和田市野外芸術文化ゾーンアートセンタープロポーザル模型――**乾久美子**
- o邸、須波の家(撮影:藤本寿徳)、ライナスの散歩――**満田衛資**
- Inclusive Architecture(撮影:水野大二郎)――**家成俊勝**
- 東府中の集合住宅、立野の住宅(photo&plan)、熊川の集合住宅2、熊川の集合住宅1(上記4点の撮影:鳥村鋼一)――**メジロスタジオ**
- 土木構造物・工場・団地風景――**大山顕**
- ATAK000+ Keiichiro Shibuya――**渋谷慶一郎**
- Graffiti@Google――**チームラボ**
- Profile photo of Sputniko!, Nanohana Heels(上記2点の撮影:Takuya Shima), Sushiborg Yukari, Crowbot Jenny(上記2点の撮影:Rai Royal), Crowbot Jenny 2011――**Sputniko!**
- BUILDING K(撮影:鳥村鋼一)、東京郊外の家、BUILDING T(上記2点の撮影:樋口兼一)、家の家、倉庫の家、小屋の家、APARTMENT S(上記4点の撮影:太田拓実)――**藤村龍至**

3-1 | 大山顕 [おおやま けん]

1972年埼玉県生まれ。フォトグラファー/ライター。1998年千葉大学工学部修了。Panasonic勤務を経てフリーに。著書に『工場萌え』『ジャンクション』他

http://www.ohyamaken.com/

3-2 | 渋谷慶一郎 [しぶや けいいちろう]

1973年東京都生まれ。音楽家。東京芸術大学作曲科卒業。2002年ATAK設立、国内外の先鋭的な電子音響作品をCDリリース。主な作品に『ATAK000+』『ATAK010 filmachine phonics』『ATAK015 for maria』等。映像とコンピュータ音響による人間不在のボーカロイド・オペラ『THE END』を2012年に発表するなど、国内外で多彩な活動を展開している

http://atak.jp

3-3 | 松川昌平 [まつかわ しょうへい]

1974年石川県生まれ。建築家。1998年東京理科大学工学部建築学科卒業。1999年000studio設立。2009-11年文化庁派遣芸術家在外研修員および客員研究員としてハーバード大学GSD在籍。2012年より慶應義塾大学SFC環境情報学部専任講師。建築の計算(不)可能性を探究。アルゴリズミック・デザインの研究、実践を行なう。共著に『設計の設計』、訳書に『アルゴリズミック・アーキテクチュア』

3-4 | 猪子寿之 [いのこ としゆき]

1977年徳島県生まれ。ウルトラテクノロジスト集団チームラボ代表。東京大学工学部計数工学科を卒業と同時にチームラボを設立。チームラボは、プログラマー、ロボットエンジニア、数学者、建築家、Webデザイナー、グラフィックデザイナー、CGアニメーター、絵師、編集者等、情報化社会のものづくりのスペシャリストから構成される。主な実績に〈百年海図巻〉〈チームラボハンガー〉が文化庁メディア芸術祭審査委員会推薦作品(2011)に選出。国立台湾美術館にてチームラボ「We are the Future」展を

GM_005
useK023_002 houseK023_004
0003/HouseT 00037HouseT
023_00 00073A
016_002 DKY_0
ATAK0
00+
01 0'27 (New work)
02 1'55
teamLab

［エピローグ｜Epilogue］

ソーシャルなアノニマスデザインの時代へ

——作家性という20世紀の錯覚

東浩紀／思想家／作家
Hiroki Azuma
Thinker
Writer

集合知・最適解としての「ソーシャル・アノニマスデザイン」

東　これからのアノニマスデザインはみんなでつくるデザイン、まさに「ソーシャル・アノニマスデザイン」として盛んになっていくと思うんです。みんながデザインを発表する時代になっていくだろう、と。

◎　私たちは人がどういう形態を好むかに関して大量の情報が蓄積されていく時代に生きている。ならば、あとはその集合知をキュレーションすれば良い。これからのデザイナーは、そうしたソーシャルな関係をうまく使える人ということになるかもしれません。失礼な話に聞こえるかもしれませんが、僕は集合知である程度デザインが決定できると思っているんですね。

◎ 例えば、iPadはデザイン的にすごく優れているという評価がある。でも、キーボードのピッチは手の大きさで決まるし、持ち運びやすさや画像の見やすさは、人間の視覚や手の大きさから決まる。つまり、人間の物理的スペックによって、受け入れやすいデザインというものはかなり幅が狭く決まっていく。その中でデザインは技術との兼ね合いで決まる。これからは、そういう現実がますますはっきりしていくことでしょう。

● デザインの世界観は浅い。だからこそ世界を統合できる

東 例えば、ショッピングモールは世界中どこでも同じデザインです。しかし、いまだに宗教は世界中で違う。ショッピングモールがどれだけ一般的になっても、キリスト教とイスラム教は和解しない。つまり、ショッピングモールと宗教は全く違う機能を持っている。宗教にはしょせん人類をまとめる力なんてない。むしろ世界はデザインによって統合される。

◎ じゃあショッピングモールが深いのか、理論的になにかあるかというと、実はそこには何もない。ショッピングモールの世界観はすごく浅い。だからこそ全世界で同じ形のショッピングモールが建設可能である。ここに重要なポイントがあります。

◎ 人々の動線でデザインが決められていき、人間の心情で快適な空間が決まっていく。そこを突き詰めていくとどの社会でも同じデザインになる。もちろんその空間を決定する一番大きな要素

は資本主義的な力学でしょう。ブランド品がどのくらい売れるのかという、経済的な制約がそこにかかってきます。お金の制約と人間の身体的制約の交差点のような空間で生まれてきた最適解のひとつが、ショッピングモールの世界です。

◎ そういう意味でのアノニマスデザインはこれからもどんどん増えていくでしょう。世界中の人が同じ服を着て、同じようなものを食べ、同じような動画を見ている。そういう時代にさしかかっている。そこで出てくるのは、もう宗教でも文化でもなく、人間の身体と金融市場の最適解で出現する風景です。今やドバイも東京も上海もモスクワも、どこのスカイラインも似始めている。あのスカイラインは地球の重力と金融の重力が決めているスカイラインですね。

◎ ただ、この本の主旨に反するかもしれないけど、僕はそれに理論や批評を加える意欲はあまりわきません。というのも、それってとても工学的なことで、そこまで行くともう「考えても意味がない」。今僕たちが直面しているのは、今までは「考えたら意味がある」と思っていた多くのことが、今や考えても意味がないということになりつつある、という変化です。

● ニッチか、アノニマスか

岡田 今、デザインをやっていると、「クール・ジャパン」の標語に代表されるように、グローバルな競争のなかで日本の資源を活かそうと言われます。それもこれからは意味がないということになるのでしょうか。

東　いや、ニッチ市場としては残ると思いますよ。音楽でアンビエント・ミュージックが盛んになってもロックやクラシックが残るし、ユニクロが世界制覇しても自己表現したい若い人がコスプレをして町を歩く姿は見られるでしょう。しかし、それは「表現」なのであって、ユニバーサルなものではない。だから悪いと言っているわけではないですが。

岡田　表現しようとするものはニッチに過ぎなくなる？

東　「ニッチに過ぎない」と言うとネガティブですが、ニッチだからこそ表現が可能なんだと言っても良い。同じことです。あとは個人の好みでしょう。僕自身はニッチなことが好きなので、ニッチな文化を守っていきたい。しかしユニバーサルなデザインは、それとは別の論理で動く。人間の個性が世界に与える影響はどんどん少なくなっている。それが今僕たちが直面している現実です。

山崎　例えば土瓶のように、20世紀以降「アノニマスデザイン」と呼んで我々が再発見したものがあります。誰かがある時、意図的にデザインしたと考えることに意味はない、と？

東　意味があるとかないとかじゃないんですよ。クリエイティビティというのも結局は統計の問題なんです。一人ひとりは自分固有の人生だと思っているんだけど、分布図にしてみると自分と似たような人はたくさんいる。

◎　それと同じことで、デザインに人間の手が加わったかどうかは大事なことじゃない。重要なのは、「めずらしいがゆえにニッチ」か「だれでもつくれるがゆえにユニバーサルでアノニマス」かの対立です。今や、ニッチで変わったデザインや表現が市場を席巻することは、どんどん難しくなっている。これがグローバル化、ネットワーク化ということだと僕は思っています。

◎「クール・ジャパン」の話にしても、いわゆる「アキバ系オタク文化」は日本国内でも別にそんなに強くない。今でもやはり、良識ある大人であればぎょっとしたり、失笑したりするような表現ばかりなんです。しかしそれで良いわけで、あれはニッチだから価値がある。むろん、世界を対象とすると相手が1億2千万人から60億人へと広がるから、ニッチはニッチでも規模的には大きくなりますね。それが「クール・ジャパンが世界を席巻する」ということの意味だとしたら、たしかにそれは進むでしょうが。

表層のアイドルとしての作家

藤村　では作家というのはどういう立場の人になるんでしょう。

東　だからニッチな役割です。ニッチな金持ちがニッチな建築家に依頼してニッチな建物を建てるということは、これからもあるでしょうし。

藤村　斉藤環の文章に「グーグルとアップル」という比較が出てきます。システムに人は共感できるのか、というところで固有名が要請される場面が出てくるのではないかと提示されていました。建築の世界で言うと、東京ミッドタウンが日建設計という大企業によって設計されても、それだけでは共感を呼ばないので表層のデザイナーとして外国人や建築家が要請されました。

東　それはどっちかというと、「ムーブメントを起こすためにはアイドルが必要」という話ですね。そういう意味ではこれからもメディアで活躍する建築家は現れる。でも今の話は、むしろそれらは

◎アイドルに過ぎないという話であって、だから僕の話と整合的じゃないかな。グローバルでユニバーサルなデザインは個人のアイデアとか思いつきとは関係なく決まっていく。歴史は一回性だから、何にせよ発明者はいるけれど、その人が発明しなくてもだれかが発明する。ジョブスがiPhoneのすべてをつくったわけじゃないし、彼がいなくてもスマートフォンは現れたと思いますよ。ジョブスは一種のカリスマとして、つまり正にアイドルとして居るわけです。

● 大きな作家性——20世紀の錯覚

岡田　そうすると、我々は20世紀の限られた時期にあたかも大衆や文化に影響を与えた作家がいたかのように錯覚しているのでしょうか。

東　移行期だったんでしょうね。

岡田　科学技術が発達して、それが最適化される途中でこそ可能だったと。

東　そうなんじゃないかな。富の格差は今でもあるし、これからもあり続ける。けれどもそのなかで、「なるべくお金がかからずみんなが楽しめるもの」「みんなが気持ちよく消費できるもの」はどんどん工業的につくれるようになっていきますよね。エンターテイメント、工業デザイン、食べ物・料理も、大衆文化と僕たちが呼んでいるものは、どんどん標準化されグローバル化されていく。もちろんそのなかにも様々なバリエーションはあるわけで、例えば「今年はこのドラマが面白い」「最近はこういう流れだ」という話はある。評論家はそういうのを追い掛けていく。けれどもそれは全体から見れば小さい幅に収まっており、大きな問題ではない。

◎ 例えば、さきほど名前が出た「クール・ジャパン」なんてある意味とてもアノニマスな文化です。日本のアニメは、おもちゃ戦略や予算の厳しい制限のなかでつくられていて、作家の固有性が出る場面は少ない。しかし、そのなかでもアニメに入れ込んでいるオタクたちは作画監督や原画にどんどん作家性を見つけていく。「この回はこの監督だったからすごい！」なんて言っているわけです。それがオタク評論の世界だけど、でも、世界から見たら「どうでもいいじゃん」なんですよね。

◎ 何をもって文化と呼ぶのか。それは結局は見る側のスタンスの問題。これからは、ニッチなもの・とんがったものが好きな人は金持ちしかいなくなるかもしれない。それが悪いかといえば、そのかわり大衆文化は豊かなアノニマスクリエイションに満たされるのだから、それはそれで良いとも言える。ただ、いずれにせよ、その両者がともに、20世紀に語られていた「作家性」と別ものになるであろうことはまちがいない。

大衆の欲望を一身に受けた意思決定

藤村 そういう意味では、都市をつくるというところでは、政治に近い部分があって、違う位相があるのではという気がします。

東 大衆の欲望を一身に受けつつ、ある形に流し込んでいく人たちが「アーキテクト」と呼ばれるとして、それは「作家性」とは言えないと思います。

◎　例えば藤村さんの好きな田中角栄の場合、やりたいことをすべて新潟県に集中させたのは彼の好みかもしれない。けれど、彼の出した「列島改造論」はむしろ日本人の欲望を彼が体現化したもの。おそらく彼がいなかったとしても似たような計画は出てきた。

藤村　政治家の固有名も交換可能なあるアーキテクトの固有名だったということですね。

東　これからは、そうならざるを得ないんじゃないか。

編集　安藤忠雄さんのような存在はどうですか？　大衆の思いを代弁されるタイプですよね。

東　うーん。この手の議論に入ってしまうと、みんな作家性があれば良いと思っているから、僕はどうしても反論される立場になっちゃうんだよね。

●誰もが感動できるものは、誰でも書ける

東　ただ、これは個別事例で検討してもしかたないと思います。古いタイプの作家性が生き残れない時代に入っている、作家と言われるものも今は大衆の欲望を反映したアイドルでしかなくなってきている、これはジャンル問わずまちがいない傾向です。しかもどんどんその傾向は強まっている。僕は今の時代に対して「作家性がない」と言ったように思われるかもしれないけれど、30年後に生まれる人はもっと作家性がない時代に生きていくわけです。作家性は近代が生み出した幻想だという議論が人文系で行なわれていますが、それってかなり唯物論的に正しい話だと思います。

◎本の話で考えてみましょうか。たしかに昔は、誰もが納得できる本、誰もが感動できる物語を書ける「作家」がいた。でも、そういう「誰もが納得、感動できる本」こそ、実はつくり手は凡庸で交換可能なはずなんですね。だって、誰もが感動できる話なんだから。

◎それが「作家」の仕事として、何か固有の才能が生みだしたもののように見えていたのは、コンテンツの優劣の問題ではなくて、単純に出版の制約のおかげです。「どうすれば雑誌に載れるのか」「どうすれば本を出版できるのか」という部分で必要なのは、業界のなかで生きていける社交性とかコネだったりする。内容には関係ない、そういう「出版以前」の競争があったからこそ、作家の数は絞り込まれていた。だから、そのなかで生き残った比較的凡庸な人間がベストセラーを出しても、そんなの誰でも書けるということが可視化されなかった。しかし、これからはそういうのが誰の目にも明らかな時代になってくる。ユニバーサルな作品をつくる能力こそコモディティでアノニマス、そういう時代になってくるんですよ。

● 文化は貴族のためにしか残らない

藤村｜20世紀はメディアの技術的な制限によって、たまたま作家的なものが生まれ、大衆と作家に別れたように見えたけれど、今はそれが見えなくなってきている。柳宗理さんが提唱されていた頃のアノニマスと今のアノニマスの違いということですね。

東｜そうですね。ネットワークの存在が大きいと思います。

岡田　デザイン史の授業では「昔はデザインは貴族のためのものだった」という話をするんです。つまり、これからのデザイナーの存在はその時のデザイナーとすごく似ているような気がします。

東　繰り返しになりますが、これからはニッチかアノニマスかどっちかなんですよ。

山崎　ニッチなものがどうやって生き残っていくか。その戦略論は難しいですね。

東　公的支援は諦めた方が良いと思いますね。大衆から集めた税金でニッチな表現を保護するというのは、たぶんこれからは支持されなくなる。おれたちが金を払っているのだからおれたちが分かる文化を支援しろ、というのは、有権者の心理としては当然ですからね。そうなると、結局は金持ちのパトロンが一番有望でしょう。どの時代でも過剰に儲けて富を蓄積している人間はいるのだから、彼らから特別な支援を受ける。それは古来からインテリやアーティストが生き抜いてきたやり方でもある。

アノニマスデザインの未来はソーシャル

藤村　浅田彰さんは「100万部売れた本と1千部しか売れなかった本しか歴史に残らない」と言っていたそうですね。

東　浅田さんは、「結局それしか面白いものはない」と言いたかったのでしょうね。大量に売れるものはこれからも出てくるでしょう。ただ、大量に売れる表現の範囲はどんどん狭くなっているんですよ。

藤村　私たちが考えていたアノニマスデザインは、大衆とエリートの間にいる中間層が第三の道をつくるというイメージだったんですが、どうやら世界はもっとドラスティックにアノニマスになっているんですね。

◎東――僕の個人的な絶望がそう言わせたのかもしれません。あまり信じないように（笑）。とはいえ、僕が今日話したのは、決して「つまらないものが大衆に受ける」ということではありません。そうではなくて、人々の好みは、どのような領域においてもある種統計的な分布をしていて、そして今やソーシャルメディアのせいで、その分布がどんどん可視化されているということです。万人にウケるものがなんなのか、はっきりしてきている。だからそれをつくりたい人はつくれば良い。お金も儲かるでしょうしね。でもそれと作家の固有性はどんどん関係なくなっている。そこをごまかしてもしかたないと思いますね。

［2013年2月8日 東京・五反田 ゲンロンカフェにて］

東浩紀［あずま ひろき］―1971年東京生まれ。思想家・作家。（株）ゲンロン代表取締役。専門は現代思想、表象文化論、情報社会論。東京大学大学院総合文化研究科博士課程修了。東京大学客員助教授、東京工業大学特任教授、早稲田大学教授など歴任。『存在論的、郵便的』で第21回サントリー学芸賞受賞、『クォンタム・ファミリーズ』で第23回三島由紀夫賞受賞。

［あとがき｜Afterword］

今、デザイナーはどこにいる？

山崎泰寛／編集者
Yasuhiro Yamasaki Editor

◎

岡田栄造さんと藤村龍至さんの対談「アノニマスデザイン2.0」を機に、本書の企画を立ち上げてから半年ばかり経った秋のことだ。建築家の槇文彦さん［1928–］が発表した文章「漂うモダニズム」［『新建築』2012年9月］を読んで、私は勝手に、勇気づけられた気がした。槇さんは、モダニズムはもはや共通言語と化し、現在問われているのは個別の建築家の振る舞いそのものだと指摘した上で、だからこそ現代はエキサイティングなのだと告げた。それはプロローグで岡田さんが述べる「アノニマス化したデザイン」を踏まえよという呼びかけに近似した歴史観である。

◎

本書は、そのような意味においてとてもエキサイティングなものになったと思う。ここに含まれているのは、かつての柳宗理のような造形活動を行う作家だけではない。音楽家やプログラマー、小説家、思想家といったクリエイターは皆、顔が見えるという点で、アノニマスの対極に位置する人物である。

◎

本書を通じて繰り返し明らかになるのは、作家が、作品によって名を残すというよりも、名を伴って作品を残そうとする姿である。なるほど、残された作品の振れ幅は、エピローグで東浩紀さんが指摘するような凡庸さとニッチの間を揺れ動く。しかし、誰か（人）の、または何か（ブランド）の署名が消えてしまうわけではない。ネットワーク社会における作家の名前は、それが不明になる（匿名としてのアノニマス）わけではなく、むしろ作品の性格とは無関係な属性として、ログとして残り続けるのではないか。槇さんが「漂う」と述べた海原で。

◎

では、作家の活動を支えるモチベーションは何だろうか。社会の役に立つこと？　利益を最大化すること？　それはそうかもしれない。しかし私は、本書のなかに、もう少しシンプルな態度を何度も見たと断言できる。それは、誰もが面白さを見つけ、あるいは面白さを燃料にして、創作活動を展開しているということだ。だから、ニッチを狙うにせよアノニマスに訴えるにせよ、面白さを動物的に嗅ぎとる理性をもつことから、「作家であること」が始まると私は思う。

◎

本書が、松川昌平さんが言うポリオニマスなデザインの姿を示せていたらとても嬉しいし、だとすれば著者の皆さんの力にほかならない。だから、私たちの問いかけに、浪花節から論文まで、様々なスタイルの文章や発言で応じてくださったお一人おひとりに、まずはお礼を申し上げたいと思う。梅沢和木さんには素晴らしい装画も寄せていただいた。柳さんのように、本書を軸に現代のアノニマスデザイン展を開きたいとさえ思う。本書を刊行に導いていただいた学芸出版社の井口夏実さんと、複雑な装丁を見事にまとめてくださった刈谷悠三さんにも、最後まで本当にお世話になった。実は編集という仕事にも、アノニマス×デザインの面白さが詰まっている。誤字脱字を消し込むような実務的な作業も、作家の主張をよりクリアに伝えるためのデザインの追求だからである。私自身、そのことをあらためて教えられた機会になった。

◎

そして最後に、柳宗理さんに特別な感謝を捧げたい。私たちは、柳さんたちが残された形や思想のなかで、生き、新しく面白い表現を生み出そうとしている。本書も、柳さんが生きた時代に連なる作品のひとつかもしれない。願わくば、明日生まれる作品を勇気づける書物でありますように。

2013年5月

岡田栄造 | おかだ えいぞう

1970年福岡県生まれ。

京都工芸繊維大学大学院工芸科学研究科准教授。

デザインディレクター。博士(学術)。

毎日更新のデザインニュースサイト dezain.net [http://www.dezain.net/] 主宰。

様々な企業のためにリサーチや製品開発を行うほか、
国内外でデザインの企画展を手がけている

山崎泰寛 | やまさき やすひろ

1975年島根県生まれ。編集者。

横浜国立大学大学院教育学研究科、
京都大学大学院教育学研究科修了(教育学修士)。

書店・ギャラリーの企画運営に携わり、
2007–2012年『建築ジャーナル』編集部勤務。

現在、京都工芸繊維大学大学院博士後期課程在籍、建築展の歴史を研究中。

2002年より、藤村龍至らとメディアプロジェクト「ROUNDABOUT JOURNAL」を展開中。

共著書に『建築学生のハローワーク』『建築・都市ガイドブック21世紀』他

藤村龍至 | ふじむら りゅうじ

1976年東京都生まれ。建築家。ソーシャル・アーキテクト。
藤村龍至建築設計事務所主宰。
東洋大学工学部建築学科専任講師。
フリーペーパー『ROUNDABOUT JOURNAL』、
ウェブマガジン『ART and ARCHITECTURE REVIEW』企画・制作。
主な建築作品に〈BUILDING K〉〈東京郊外の家〉〈倉庫の家〉〈小屋の家〉〈家の家〉、
主な編著書に『1995年以後』『アーキテクト2.0』『3・11後の建築と社会デザイン』
『コミュニケーションのアーキテクチャを設計する』他

ISBN 978-4-7615-2554-5, Printed in Japan

リアル・アノニマスデザイン——ネットワーク時代の建築・デザイン・メディア

2013年6月1日 第1版第1刷発行
2013年7月20日 第1版第2刷発行
–
［編著者］
岡田栄造・山崎泰寛・藤村龍至
–
［発行者］
京極迪宏
–
［発行所］
株式会社 学芸出版社
京都市下京区木津屋橋通西洞院東入
電話075-343-0811 〒600-8216
–
［デザイン］
刈谷悠三+角田奈央｜neucitora
–
［印刷］
オスカーヤマト印刷
–
［製本］
新生製本